量刑方法类型化研究

Study on Typology of Sentencing Methods

唐亚南　著

方志出版社
Publishing House of Local Records

图书在版编目(CIP)数据

量刑方法类型化研究/唐亚南著.—北京:方志出版社,2016.12

ISBN 978-7-5144-2198-9

Ⅰ.①量… Ⅱ.①唐… Ⅲ.①量刑—研究—中国
Ⅳ.①D924.134

中国版本图书馆CIP数据核字(2016)第281786号

量刑方法类型化研究

著　　者:唐亚南
责任编辑:陈　效
出 版 人:冀祥德
出 版 者:方志出版社
　　地址　北京市朝阳区潘家园东里9号(国家方志馆4层)
　　邮编　100021
　　网址　http://www.fzph.org
发　　行:方志出版社发行中心
　　电话　(010)67110500
经　　销:各地新华书店
排　　版:北京宝蕾元科技发展有限责任公司
印　　刷:北京京都六环印刷厂
开　　本:700×1000　1/16
印　　张:10.5
字　　数:191千字
版　　次:2016年12月第1版　2016年12月第1次印刷
ISBN 978-7-5144-2198-9　定价:58.00元

第五批《中国社会科学博士后文库》编委会及编辑部成员名单

序 言

博士后制度在我国落地生根已逾30年，已经成为国家人才体系建设中的重要一环。30多年来，博士后制度对推动我国人事人才体制机制改革、促进科技创新和经济社会发展发挥了重要的作用，也培养了一批国家急需的高层次创新型人才。

自1986年1月开始招收第一名博士后研究人员起，截至目前，国家已累计招收14万余名博士后研究人员，已经出站的博士后大多成为各领域的科研骨干和学术带头人。这其中，已有50余位博士后当选两院院士；众多博士后入选各类人才计划，其中，国家百千万人才工程年入选率达34.36%，国家杰出青年科学基金入选率平均达21.04%，教育部“长江学者”入选率平均达10%左右。

2015年底，国务院办公厅出台《关于改革完善博士后制度的意见》，要求各地各部门各设站单位按照党中央、国务院决策部署，牢固树立并切实贯彻创新、协调、绿色、开放、共享的发展理念，深入实施创新驱动发展战略和人才优先发展战略，完善体制机制，健全服务体系，推动博士后事业科学发展。这为我国博士后事业的进一步发展指明了方向，也为哲学社会科学领域博士后工作提出了新的研究方向。

习近平总书记在2016年5月17日全国哲学社会科学工作座谈

会上发表重要讲话指出：一个国家的发展水平，既取决于自然科学发展水平，也取决于哲学社会科学发展水平。一个没有发达的自然科学的国家不可能走在世界前列，一个没有繁荣的哲学社会科学的国家也不可能走在世界前列。坚持和发展中国特色社会主义，需要不断在实践和理论上进行探索、用发展着的理论指导发展着的实践。在这个过程中，哲学社会科学具有不可替代的重要地位，哲学社会科学工作者具有不可替代的重要作用。这是党和国家领导人对包括哲学社会科学博士后在内的所有哲学社会科学领域的研究者、工作者提出的殷切希望！

中国社会科学院是中央直属的国家哲学社会科学研究机构，在哲学社会科学博士后工作领域处于领军地位。为充分调动哲学社会科学博士后研究人员科研创新积极性，展示哲学社会科学领域博士后优秀成果，提高我国哲学社会科学发展整体水平，中国社会科学院和全国博士后管理委员会于2012年联合推出了《中国社会科学博士后文库》（以下简称《文库》），每年在全国范围内择优出版博士后成果。经过多年的发展，《文库》已经成为集中、系统、全面反映我国哲学社会科学博士后优秀成果的高端学术平台，学术影响力和社会影响力逐年提高。

下一步，做好哲学社会科学博士后工作，做好《文库》工作，要认真学习领会习近平总书记系列重要讲话精神，自觉肩负起新的时代使命，锐意创新、发奋进取。为此，需做到：

第一，始终坚持马克思主义的指导地位。哲学社会科学研究离不开正确的世界观、方法论的指导。习近平总书记深刻指出：坚持以马克思主义为指导，是当代中国哲学社会科学区别于其他哲学社会科学的根本标志，必须旗帜鲜明加以坚持。马克思主义揭示了事物的本质、内在联系及发展规律，是“伟大的认识工具”，是人们观察世界、分析问题的有力思想武器。马克思主义尽管诞生在一个半多世纪之前，但在当今时代，马克思主义与新的时代实践结合起来，愈来愈显示出更加强大的生命力。哲学社会科学博士后研究人员应该更加自觉坚持马克思主义在科研工作中的指导地位，继续推进马克思主义中国化、时代化、大众化，继续发展21世纪马克思主义、当代中国马克思主义。要继续把《文库》建设成为马克思主义中国化最新理论成果的宣传、展示、交流的平台，为中国特色社会主义建设提供强有力的理论支撑。

第二，逐步树立智库意识和品牌意识。哲学社会科学肩负着回答时代命题、规划未来道路的使命。当前中央对哲学社会科学愈发重视，尤其是提出要发挥哲学社会科学在治国理政、提高改革决策水平、推进国家治理体系和治理能力现代化中的作用。从2015年开始，中央已启动了国家高端智库的建设，这对哲学社会科学博士后工作提出了更高的针对性要求，也为哲学社会科学博士后研究提供了更为广阔的应用空间。《文库》依托中国社会科学院，面向全国哲学社会科学领域博士后科研流动站、工作站的博士后征集优秀成果，入选出版的著作也代表了哲学社会科学博士后最高的学术研究水平。因此，要善于把中国社会科学院服务党和国家决策的大智库功能与《文库》的小智库功能结合起来，进而以智库意识推动品牌意识建设，最终树立《文库》的智库意识和品牌意识。

第三，积极推动中国特色哲学社会科学学术体系和话语体系建设。改革开放30多年来，我国在经济建设、政治建设、文化建设、社会建设、生态文明建设和党的建设各个领域都取得了举世瞩目的成就，比历史上任何时期都更接近中华民族伟大复兴的目标。但正如习近平总书记所指出的那样：在解读中国实践、构建中国理论上，我们应该最有发言权，但实际上我国哲学社会科学在国际上的声音还比较小，还处于有理说不出、说了传不开的境地。这里问题的实质，就是中国特色、中国特质的哲学社会科学学术体系和话语体系的缺失和建设问题。具有中国特色、中国特质的学术体系和话语体系必然是由具有中国特色、中国特质的概念、范畴和学科等组成。这一切不是凭空想象得来的，而是在中国化的马克思主义指导下，在参考我们民族特质、历史智慧的基础上再创造出来的。在这一过程中，积极吸纳儒、释、道、墨、名、法、农、杂、兵等各家学说的精髓，无疑是保持中国特色、中国特质的重要保证。换言之，不能站在历史、文化虚无主义立场搞研究。要通过《文库》积极引导哲学社会科学博士后研究人员：一方面，要积极吸收古今中外各种学术资源，坚持古为今用、洋为中用。另一方面，要以中国自己的实践为研究定位，围绕中国自己的问题，坚持问题导向，努力探索具备中国特色、中国特质的概念、范畴与理论体系，在体现继承性和民族性，体现原创性和时代性，体现系统性和专业性方面，不断加强和深化中国特色学术体系和话语体系建设。

新形势下，我国哲学社会科学地位更加重要、任务更加繁重。衷心希望广大哲学社会科学博士后工作者和博士后们，以《文库》系列著作的出版为契机，以习近平总书记在全国哲学社会科学座谈会上的讲话为根本遵循，将自身的研究工作与时代的需求结合起来，将自身的研究工作与国家和人民的召唤结合起来，以深厚的学识修养赢得尊重，以高尚的人格魅力引领风气，在为祖国、为人民立德立功立言中，在实现中华民族伟大复兴中国梦征程中，成就自我、实现价值。

是为序。

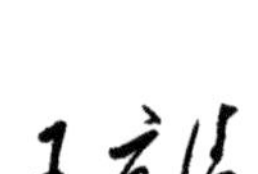

中国社会科学院副院长

中国社会科学院博士后管理委员会主任

2016年12月1日

摘要

量刑公正对刑事审判至关重要，事关诉讼价值的实现，对于统一司法行为、提高司法公信力与司法权威，具有重大的现实意义。然而，在司法实践中，用一种具体的量刑方法对不同的刑种量刑，显然会造成不同程度的量刑失衡。

本书以德国学者马克思·韦伯提出的“理想类型”理论为切入点，系统考察各种量刑方法在司法实践中的表现。在此基础上，探讨“类型化”的量刑方法，并通过充分运用量刑方法在技术上的“类型化”，使法官在量刑时由直觉、感性、经验上升为科学、理性，从而促进量刑公正。

从理论层面上讲，量刑方法类型化是弥补量刑方法漏洞的理论基础。本书的研究是按照一定的标准对某一项事物进行分类总结，以此为相应救济途径的设计奠定实证基础。从司法实践的价值与意义上讲，量刑方法类型化是指引人们获得理性知识，以科学的方式描述如何对刑事被告人的行为科处刑罚的工作方法。其意义在于能对复杂的案情进行归纳、总结，从而便于人们理解与运用。

全书共分四章。

第一章为量刑方法类型化概述。长期以来，无论在学界还是实务界，关于量刑方法，多存在以下问题：第一，含糊、笼统，有时难以保障量刑公正，如司法实践中广泛运用的估堆量刑法；第二，只从宏观考虑，在实际量刑时不具有可操作性，如系统分析法；第三，使用起来非常复杂，必须既具有数学家的水平又具有法学家的水平才能使用，如数学量刑法。此外，虽然最高人民法院决定《关于常见犯罪的量刑指导意见》于2014年1月1日在全国范围内全面施行，但在之前的6年试行中也出现了不少问题，如个案有突破法定最高刑的情形，基准刑与法定刑在有些情况下无法衔接等。故此，在本章中，笔者将着重分析上述各种量刑方法的特点、利弊，并论述量刑方法类型化对于我国量刑改革的理论价值与现实意义。

第二章为量刑方法类型化的理论探析。在本章中，笔者重点考察英美法系与大陆法系主要国家在量刑方法改革上的发展变化及量刑方法类型化的沿革，并探讨量刑方法类型化在我国的立法中的特点。同时，对量刑方法类型化的基本原则予以概括。

第三章为我国量刑方法类型化的现状。在本章中，笔者介绍各地法院试行最高人民法院制定的《人民法院量刑指导意见（试行）》过程中所取得的效果，并在此基础上详尽罗列存在的各种问题。同时，就下一步我国量刑改革过程中面临的分歧及调适作出分析，以此尝试为我国量刑方法类型化的完善指明方向。

第四章为我国量刑方法类型化的规范与完善。从法律思维的角度看，量刑是一个包含心理、认知、逻辑等多种因素的法律操作过程。在这一过程中，犯罪行为及其结果是影响刑事案件评价的重要因素，但行为的社会背景、时空条件和具体情状等社会性外在因素对刑罚裁量也具有重要的影响。可以说，任何一个影响刑事责任的因素都是一个变量，试图用一种具体的量刑方法去解决量刑公正问题，比较困难。因此，量刑方法改革的关键是量刑技术的进步。在现有的立法、司法制度和诉讼机制框架内，要想回应现实社会的司法需求，实现刑罚可接受性的司法目标，促进量刑公正，法官必须在遵循法律的同时，充分运用量刑方法类型化。在本章中，笔者将着重分析《人民法院量刑指导意见（试行）》在北京市甲区人民法院试行以来的主要犯罪案件的量刑结果，并就若干重点罪名量刑结果的产生过程予以分解，从而直观地呈现量刑方法的具体操作步骤。在此基础上，本书将就我国司法实践中常见犯罪的事实构成与常见量刑情节在量刑过程中对刑罚的具体影响展开分析，并提出量刑方法类型化在未来我国量刑改革中的完善举措。

关键词：量刑方法；类型化；规范；完善

Abstract

Justice of sentencing, which impacts the achievements of litigation values, is very important to criminal trial. It has great meanings for unifying the judicial activities, improving the public credibility of justice and judicial authority. In the judicial practice, however, using one specific sentencing method to apply different kinds of punishments, will make sentencing unbalanced to some extent.

This book, taking the theory of "Ideal Type" founded by the German scholar Max Webber as the breakthrough point, systematically examines the performances of all kinds of sentencing methods in the judicial practice. On the basis of the above, this book tries to discuss the typology of sentencing methods, and full application of the typology of sentencing methods in the technical level to make the judge sentences with from instinct, emotion and experience to science and reason, which will promote the justice of sentencing.

In the theoretical level, the typology of sentencing methods is the theoretical basis of making up the loophole of sentencing methods. In this book, the research classifies and summarizes some certain thing according to some standard, to establish empirical basis for the design of corresponding remedy approaches. In the level of the value and significance of judicial practice, the typology of sentencing methods is the way to guide people to obtain the reasonable knowledge, and to describe how to punish the criminal defendant with a scientific pattern. Its meaning is that it can induce and summarize the difficult cases.

This book includes four chapters.

The first chapter is the overview of the typology of sentencing methods. In a long period, no matter in the academic or the practical field, there're many problems about sentencing methods. First, some methods were vague and general, which were hard to ensure the justice of sentencing, such as the method of estimating sentence which was diffusely used in the judicial practice. Second, macroscopically speaking, some methods were lack of operability, such as the method of systematically analyzing sentence. Third, some methods were so difficult that demanded the judge to be both a mathematician and a legal expert, such as the mathematic method of sentencing. Besides, although the "Guiding Opinions on Sentencing in the Common Crimes" was executed nationwide since January 1st 2014, there're also many problems during the six years of trial implementation of the Guiding Opinions, like breaking through the maximum statutory penalty in some case, etc. Therefore, in this chapter, the author focuses on analyzing the characters, advantages and disadvantages of the above sentencing methods, and discusses the theoretical value and practical significance of typology of sentencing methods.

The second chapter is the theoretical exploration on typology of sentencing methods. In this chapter, the author focuses on the developments of sentencing methods reforms and the histories of typology of sentencing methods in main countries of Anglo-American and Civil Law systems. Meanwhile, the author also summarizes the basic principles of the typology of sentencing methods.

The third chapter is the current situation of typology of sentencing methods in our country. In this chapter, the author introduces the effects of trying the Supreme People's Court's "Guiding Opinions on Sentencing by People's Courts (Pilot)" by different people's courts in our country, and displays the various problems in the process of Trial Implementation. Meanwhile, the author analyzes the divergence and adjustment in the next step of sentencing reform to point the way of typology of sentencing methods in our country.

The fourth chapter is the regulations and improvements on typology of sentencing methods. From the angle of legal thought, sentencing is a legal process including psychology, recognition, logistics and other factors. In this process, the activity and result of the crime are important factors influencing the evaluation of criminal cases. Meanwhile, the social background of the activity, the circumstance of time and location, the specific situation of the activity and other social factors also had large influences on the sentencing. In another word, any factor, influencing the criminal responsibility, is a variable quantity. It is hard for us to solve the issue of the justice of sentencing through one specific method. Therefore, the key of the reform of sentencing methods is the technical progress of sentencing. In the frame of current legislation, judicial system and litigation system, if we want to reflect the judicial demand from the society, to fulfill the judicial goal of achieving the acceptability of criminal punishments and promote the justice of sentencing, the judge must follow the law and fully apply the typology of sentencing methods. In this chapter, the author focuses on analyzing the sentencing results of main crimes with trying the Supreme People's Court's "Guiding Opinions on Sentencing by People's Courts (Pilot)" in a district people's court in Beijing, and decomposes the process of sentencing for several important crimes to show the specific steps of sentencing methods. On the basis of the above, this book analyzes the specific influences of constitution of facts in common crimes and common sentencing circumstances on the criminal punishments in the sentencing process, and proposes the improvement measures of typology of sentencing methods in the future of sentencing reform in our country.

Keywords: Sentencing method; Typology; Regulation; Improvement

目　录

Contents

引　言

随着人民群众的法治意识不断增强，在司法实践中，公众对法院判决的质疑不绝于耳，有时甚至会引起强烈的社会反响。如孙志刚案、虹桥垮塌案、许霆案等，一系列的案件都严重影响了我们的司法公信力。作为一名刑法学的学习者，在缜密的法律思维中，应该思考以怎样的方式，实现对刑事审判公正的有力提升。笔者认为，研究量刑方法类型化不失为是一种有益探索。因为研究方法在很大程度上决定着研究的过程和命运，也就是说，对一切事物的研究归根结底是方法论的研究。量刑方法类型化研究就是要为实现量刑公正找到一种科学合理的途径。

在我国刑事审判实践中，传统的量刑方法侧重于经验判断，而忽视理性决策，侧重于定性分析而忽视定量分析。刑事法官常用的估堆量刑法，会造成具有相同量刑情节或相似犯罪事实的案件，法官在判定刑罚时却相当悬殊。从决策学角度来看，传统的量刑方法是一种经验决策。在古今中外的刑事司法实践中，曾经有许多优秀法官，他们在处理各种各样的刑事案件中，表现出了高超的智慧和才能，积累了丰富的刑事审判经验，对刑事被告人作出的公正合理的判决至今为人们所传颂。这些实践证明，审判决策的正确与否和刑事法官的素质密切相关，法官的知识渊博，经验丰富，洞察力强，以及对待不同意见的态度，敢于承担风险的胆量等，都是法官作出正确判决的必要条件。然而，传统量刑方法致命的缺陷也在于此，在宽幅性的法定刑范围内如何处刑，在很大程度上依赖于法官个人的学识、才能和经验，也取决于刑事法官个人的情感，而由于刑事法官的综合素质参差不齐，很容易出现量刑偏差与失衡。

进入21世纪以来，我国国情发生了很大变化，经济社会快速发展，法治建设不断推进，人民群众的法治意识日益增强，对刑事司法公正的要求越来越高，不仅要求定罪准确、量刑公正，还要求公开透明。与日益高涨的量刑规范的呼声相对应的是，理论界和实务界对量刑改革问题也在进行着积极的探索和研究。自1987年以来，一些学者就开始大胆研究量刑方法，但都较为零星，不够系统。2005年，最高人民法院开始对量刑方法进行调研论证，而后，量刑改革被纳入中央司法改革部署和人民法院“二五”和“三五”改革纲要。① 2008年7月，最高人民法院确定4个中级人民法院和8个基层人民法院为量刑规范化试点单位，实施最高人民法院制定的《人民法院量刑指导意见（试行）》（以下简称《量刑指导意见》）和《人民法院量刑程序指导意见（试行）》（以下简称《量刑程序指导意见》）两个文件。2009年6月1日起，最高人民法院在全国指定120多家法院开展量刑规范化试点工作。从2010年10月1日起，“两个文件”在全国法院全面试行。

在这个大环境的影响下，法学界对量刑问题的研究热情空前高涨。随着《量刑指导意见》和《量刑程序指导意见》两个文件的深入试行，理论界和实务界对不同的量刑方法进行了更深层次的研究，如分格式量刑法、系统分析法、数学量刑法、电脑量刑法等。对这些量刑方法的研究不能不说是量刑制度改革的进步，但目前这些量刑方法在司法实践运用中却存在一些问题，究其原因主要有以下几点：一是有的只从理论角度考虑，实践方面考虑得较少，造成在实践运用中可操作性差，如分格式量刑法；二是有的只从宏观方面考虑，在实际量刑时不具有可操作性，如系统分析法；三是有的量刑方法过于复杂，使得法官必须既具有数学家的水平又具有法学家的水平才能使用，如数学量刑法，它是将目标函数引入量刑的一种方法，使用起来非常复杂，让人难以掌握。事实上，用一种量刑方法囊括所有的刑种，是不科学的。例如，管制、拘役、有期徒刑这三个刑种都是可以用数字表现出来的，而无期徒刑和死刑是不能用数字表现出来的，如果将这两类刑罚用同一种量刑方法去量刑，显然不具有科学性。上述量刑方法均没有吸取传统的估堆量刑法的合理因素，造成与法官的传统量刑思维方式脱节，使得法官有意无意地对这些量刑方法产生一种抵触情绪。因此，确立量刑方法类型化成为摆脱目前困境的关键。

量刑公正是刑事正义的重要体现。研究量刑方法类型化的目的就是要

① 参见陈虹伟：《中国量刑程序改革走到关键时刻》，《政府法制》2009年第11期。

探寻出一种科学合理的量刑方法，以确保量刑公正。从法律思维的角度看，量刑是一个包含心理、认知、逻辑等多种因素的法律操作过程。在这一过程中，犯罪行为及其结果是影响刑事案件评价的重要因素，但行为的社会背景、时空条件和行为的具体情状等外在因素对刑罚裁量也具有重要的影响。可以说，任何一个影响刑事责任的因素从一定意义上讲都是一个变量，试图用一种具体的量刑方法去解决量刑公正问题比较困难。电脑量刑法、数学量刑法等方法的确是在操作上提供了方便，但要实现量刑公正似乎还有一些距离。衡量量刑是否公正的标准之一，是看量刑结论是否为大多数社会公众所认同。因此，法官除了依法量刑外，还要综合考虑实现刑罚目的的需要，同时，也要考虑国家在现阶段的刑事政策。因此，量刑方法改革的关键是量刑技术的进步。在现有的立法、司法制度和诉讼机制框架内，要想回应现实社会的司法需求，实现可接受性司法目标，促进量刑的公正，法官必须在遵循“两个文件”基本要求的同时，应充分运用量刑方法在技术上的类型化评价，最终实现刑事正义。①

创造是生命力的源泉，司法创造不是法官对法律的创造，而是对司法方法的创造。探索量刑方法类型化的过程实际上也是一种司法创造的过程，同时，法官创造性还体现在根据庭审情况凭借自身的智慧、经验、能力、水平、修养，尽可能地还原案件事实真相，依据相关法律，结合所认定的法定情节和酌定情节，给予被告人公正的裁决。要实现这一目的，寻求科学合理的量刑方法成为一个至关重要的问题。英国著名的哲学家培根（Francis Bacon）曾经将方法与灯笼相比较，他说：“……就是瘸子，如果他带着灯笼沿着道路前行，也会比那些在没有道路的情况下奔跑的人走的快。”② 也正如孔子所言：“工欲善其事，必先利其器。”量刑方法类型化研究就是要为科学量刑挑起一盏灯笼，磨快一柄利器，找到一种实现量刑公正的途径。

① 参见田鹏辉：《量刑技术探究》，《法商研究》2011年第11期。

② ［德］亚图·考夫曼：《类推与事物本质——兼论类型理论》，吴从周译，台北学林文化事业有限公司1999年版，第125页。

第一章 量刑方法类型化概述

我国刑事司法过程中有三个重要环节：定罪、量刑和行刑。首先，定罪是量刑的基础，量刑是行刑的先决条件。量刑是否公正，是衡量刑事审判质量的重要标准，是“刑事正义的集中表现”。“事实清楚、证据确实充分、定性准确、量刑适当、程序合法”，是对人民法院刑事审判工作的基本要求。量刑，作为刑事裁判的最终结果，在刑事审判中具有重要的地位和作用。量刑实际上是一种司法决策活动，是刑事法官根据犯罪事实、犯罪情节在法定范围内对具体案件的审判，并最终决定对刑事被告人的宣告刑。量刑直接影响刑罚积极功能的发挥和刑罚目的的有效实现，关系到人民群众对法治的信赖。因此，人民法院只有在查清犯罪事实，确定应当适用的刑法条文后，才能量刑。① 量刑方法作为量刑思维的表现手段，需要以量刑为基础。从逻辑思维上来看，量刑方法实际上是在量刑时所采用的一种工作方法，科学的量刑方法是实现量刑公正的前提和保障，也是实现罪责刑相适应的保证。量刑方法类型化，作为研究量刑的知识理论体系，有着自身的价值，如理论的科学性、结构的完整性及体系的合理性，但相对于量刑本身而言，它首先表现出了明显的工具性。不同于具体的量刑方法，它的目的是为了最大限度地实现量刑的公正与合理，相对于具体的量刑方法而言，量刑方法类型化更有助于发现科学的量刑方法。同时，它可以将人们对量刑及其规律的理论知识转化为科学的量刑方法。一个探索者在任何领域的工作中，总是从该领域中的元素开始，那么，在量刑方法类型化的研究中，首先要了解量刑、量刑方法等重要概念。

---

① 参见刘士国：《类型化与民法解释》，《法学研究》2006 年第 6 期。

第一节　量刑方法概述

随着社会经济的不断发展变化，刑法也在不断演化，1979 年 7 月 1 日第五届全国人民代表大会第二次会议通过的刑法典，于 1997 年 3 月 14 日第八届全国人民代表大会第五次会议进行了修订。之后，从 1999 年 12 月 25 日至 2015 年 8 月 29 日，全国人大常委会对现行刑法先后又进行了 9 次修订，即《中华人民共和国刑法修正案（一）》《中华人民共和国刑法修正案（二）》《中华人民共和国刑法修正案（三）》《中华人民共和国刑法修正案（四）》《中华人民共和国刑法修正案（五）》《中华人民共和国刑法修正案（六）》《中华人民共和国刑法修正案（七）》《中华人民共和国刑法修正案（八）》《中华人民共和国刑法修正案（九）》。与此同时，司法者与执法者的思想意识、法律理念等也都在悄然地发生着改变，一些铸成刑法的要素，如量刑、量刑方法等内容也随着社会的进步被赋予了新的内涵。

一　量刑概述

刑法理论主要包括两个部分，一是犯罪论，二是刑罚论。刑罚是刑法理论的重要组成部分，而量刑问题是刑罚的主要表现。到底什么是量刑？在我国大陆地区，一些学者把量刑叫作刑罚裁量，或者叫作刑罚适用，在台湾地区把量刑叫作科刑；日本刑法学界把量刑称为刑的量定；俄罗斯把量刑称为处刑；德国把量刑称为法律的量刑。对于量刑的定义，在我国刑法理论界主要有广义的量刑和狭义的量刑两种定义。广义的量刑说认为，依法对刑事被告人进行刑罚裁量。狭义的量刑说认为，量刑是指人民法院对被告人依法裁量决定刑罚的一种审判活动。当然，不少研究者对量刑也给出不同的定义。有学者认为，量刑是指审判机关依法对犯罪人裁量刑罚的审判活动；也有专家认为，量刑是法院在法定刑范围内，依据不同犯罪事实、情节等，对被告人选择适用刑种并决定其刑度的活动；还有人认为，量刑是指在确定法定刑的基础上依据犯罪动机、犯罪目的、犯罪后果等量刑情节确定宣告刑的活动。

基于量刑在现代刑法中的地位和刑事责任理论的研究和发展，上述论断对量刑概念的理解过于狭隘。在现代刑法理念中，量刑不再单纯地指向对刑事被告人进行的刑罚裁量，还包括非刑罚的裁量等。在刑罚裁量中，刑罚是刑事责任最基本、最主要的表现形式，而刑罚裁量只是量刑的主体部分，而不是全部。[①] 量刑之所以被解读为刑事责任的裁量，主要是因为量刑的任务是判决刑事被告人应负责什么样的刑事责任，并且确定实现刑事责任的方式、方法。从刑事活动的进程来看，人民法院在对刑事被告人定罪后，量刑的任务就是确认刑事被告人应承担何种程度的刑事责任，并且如何实现这个刑事责任。[②] 对此，我国学者张明楷教授曾经主张将刑法之“刑”理解为刑事责任；而且德国学者耶赛克和魏根特教授对量刑概念采取的实际上也是“刑事责任的裁量”的界定。他们认为，“量刑是对犯罪行为法律后果的确定，因为，按照德国法，对犯罪行为法律后果的确定，包括制裁的选择，如自由刑、罚金刑、禁止驾驶等，确定量刑标准，在必要的情况下还要对刑罚或保安处分的缓刑交付考验作出裁决，并非只是刑罚裁量。”[③] 事实上，量刑中的“量”，不是“刑之量化”，而是“刑之裁量”，“刑之量化”与“刑之裁量”根本不同在于，是否把量刑视为一个能动的和个别化的活动过程。对于“刑之量化”，因作为量刑事实根据的各个因素被事先数量化，而使量刑只是一个对号入座的一般化的技术活动和过程；而对于“刑之裁量”，虽然也在一定程度上包含了刑之数量化，但更多的是针对个案的具体情况，对作为量刑事实根据的各因素进行具体的分析判断，使量刑表现为一个能动的个别化的过程。在以上意义上，刑之数量化最多只是“刑之裁量”中的一个技术活动，并且它只是法官量刑的事实基础之一。[④] 依据定罪情节选择法定刑幅度的活动不属于严格意义上的量刑活动。因此，笔者认为，量刑是指人民法院根据犯罪事实、犯罪性质、情节和对社会的危害程度，并参照被告人的个人情况，根据刑法的有关规定，确定对被告人是否应判处刑罚，判处何种刑罚以及判处多重刑罚的活动。

---

① 参见石经海：《量刑个别化的基本原理》，法律出版社 2010 年版，第 30 页。

② 参见高铭暄、马克昌：《刑法学》，北京大学出版社、高等教育出版社 2007 年版，第 230 页。

③ 石经海：《量刑个别化的基本原理》，法律出版社 2010 年版，第 32 页。

④ 同上书，第 35 页。

长期以来，我国刑事审判主要围绕定罪的事实和证据进行，存在重定罪、轻量刑的倾向。公诉人一般只对从重、从轻处罚的情节提出概括性的意见和建议，量刑问题的裁判主要由法院单方面确定，量刑存在不公开、不透明、不统一的问题。因此，在司法体制改革的研究中，有学者提出了“设立单独量刑程序的建议”。目前量刑程序有两种模式：一是大陆法系国家的典型模式，如德国的混合模式，实行定罪与量刑程序合一，定罪与量刑同时进行；二是英美法系国家的典型模式，如美国设置独立的量刑程序。近些年，最高人民法院也在全国 128 个基层法院展开了量刑程序改革的试点工作。虽然量刑程序与定罪程序相互独立，但是否应当完全分开，不论是在理论界还是司法实务部门都引起了很大的争论。主要分歧有以下三种意见：第一种意见认为，我国刑法对许多罪名规定的法定刑幅度较大，量刑时法官往往拥有较大的自由裁量权；由于缺乏有效的规范，产生了较大的随意性，导致同案不同判的现象时有发生，在社会上产生了不良影响和质疑。量刑关涉司法民主和程序正义的实现问题，只有将定罪与量刑程序完全分开，才能解决刑事辩护不充分的问题。第二种意见认为，根据我国现实状况和经济基础，可以将定罪与量刑程序进行有限分离，即对被告人认罪案件采取定罪与量刑合一的模式；而对被告人不认罪的案件，则采取两者分离的模式，依据是刑事诉讼中的无罪推定原则，在被告人被依法确定有罪之前，没有必要也不宜关注被告人的量刑问题。第三种意见认为，应采取混合型的定罪量刑关系模式，即根据具体案情决定是否将定罪与量刑程序分开，这样有利于繁简分流，提高司法效率。刑事诉讼中的经济原则要求司法机关和诉讼参与人应耗费尽量少的人力、财力和物力来完成诉讼任务，实现刑事诉讼客观公正的基本价值。以上三种观点都有其合理性，但笔者较倾向于第三种意见。① 笔者认为，量刑程序与定罪程序是否分开，应根据案件的不同情况作不同处理。第一种情况，对于案情简单，证据确实、充分，被告人认罪的，不另设独立的量刑程序，采取定罪程序和量刑程序同时进行。例如，张三，成年人，一天晚上盗窃某单位三台笔记本电脑，价值在 2.6 万元。证人李四、王五、赵六及被害单位均能证实，张三认罪。这样的案件如单独设立量刑程序，既浪费司法资源又毫无意义，可在开庭的前 3 天需通知公诉人和辩护人本案不再适用独立的量

① 参见唐亚南：《量刑规范化尚需规范的几个问题》，《法律适用》2010 年第 11 期。

刑程序。第二种情况，在案情较为复杂，证据确实、充分，被告人认罪的，并经公诉机关和被告人同意定罪程序和量刑程序同时进行的，可以不另设量刑程序；但如果公诉机关或被告人不同意定罪程序和量刑程序同时进行的，应另设独立的量刑程序。第三种情况，案情特别复杂的，尽管被告人认罪，也应该单独设立量刑程序。第四种情况，被告人不认罪的案件，无论案情是否复杂，都必须单独设立量刑程序。有专家把被告人不认罪分为以下几种：根据对事实否认的程度不同，分为完全否认指控事实的不认罪，否认部分指控事实或主要证据的不认罪，承认指控事实但否认构成犯罪的不认罪；根据不认罪的阶段不同，分为始终不认罪，庭审开始时不认罪而在庭审进行中才认罪，起诉前认罪但到法庭上不认罪；根据提起诉讼的主体不同，分为公诉案件的不认罪，自诉案件的不认罪。笔者认为，无论哪一种不认罪情况，都应从不认罪阶段将定罪程序与量刑程序分开。例如，被告人在庭审调查时认罪而在庭审辩论中不认罪，无论在调查阶段还是在辩论阶段，审判长应即时将所采取的定罪量刑合二为一的关系模式转化为独立的量刑程序。采取不同案情适用不同处理方法的模式更能优化配置司法资源，否则，不仅浪费司法资源，还会让人觉得司法程序流于形式。因此，在量刑程序与定罪程序是否分开的问题上没有必要一刀切，根据实际需要而确定分开与否较为妥当。事实上，有的案件把定罪和量刑分开不仅不易查清事实，而且在定罪辩论和量刑辩论时显得很不连贯，效果不好。笔者认为，以前是重定罪不重量刑，现在重视量刑是法治的进步，也是司法文明的体现，但也不宜过分，以能保障被告人的合法权益为度。①

由于我国刑法规定的法定刑幅度较大，量刑情节的适用也没有具体的量化标准，有观点提出，应严格限制法官的自由裁量权才能确保量刑公正。法官自由裁量权是指法官在审判过程中，在无具体明文规定的情况下，根据法律精神灵活处理案件的一种自由选择权。法学家波斯纳将法官自由裁量权喻为“黑箱”，即黑箱里的东西成分复杂多样，法律也许只是其中的一种成分，许多诸如道德因素、知识构成、法官个性、政治形势、外部压力等非法律性成分在黑箱里起重要作用，影响甚至决定着自由裁量

① 参见唐亚南：《量刑规范化尚需规范的几个问题》，《法律适用》2010 年第 11 期。

的结果。[①] 因此，严格限制法官的自由裁量权只能说是确保量刑公正的因素之一。

在实践中，刑事审判主要是围绕定罪与量刑展开的，对于被告人、被害人和社会公众而言，定罪固然重要，但量刑问题往往是他们更为关心的。无论是实体正义还是程序正义，归根结底都需要量刑公正来体现。[②] 量刑公正是司法活动的生命和灵魂，是人民法院孜孜以求的价值目标。在现代法治社会，作为司法公正的重要组成部分的量刑公正具有十分重要的意义。[③] 量刑公正是保护受害人或刑事被告人的需要，是实现特殊预防的需要，是实现刑罚目的的需要。犯罪人严重扰乱社会秩序，影响人们的正常生活，干扰社会稳定，而刑罚则是国家对犯罪分子惩罚最严厉的一种方法，通过国家对犯罪分子的惩罚，可以维护社会稳定，保护公民的合法权益，彰显社会正义，预防犯罪的发生，具有积极意义。如果量刑不公，不但不能实现刑罚目的，还可能会造成被告人或受害人仇视社会，不利于社会的健康发展。[④]

二　量刑方法的概念

量刑既是一个经验问题，也是一个方法问题。近年来，世界各国都致力于量刑规范化改革，更加注重量刑方法的研究，并取得了一定的理论成果，有的还被应用到司法实践中，取得了良好的效果，对我国量刑规范化改革具有借鉴意义。[⑤] 长期以来，在我国审判实践中形成并运用的方法，主要是依靠法官个人法学知识和实践经验进行“估堆量刑”。由于当事人不明白、不理解量刑结果是如何得出的，往往对裁判的公正性提出质疑，影响了司法公信力。同时，量刑方法不规范，量刑步骤不清晰，也是造成量刑失衡的原因之一。因此，有必要建立一套科学、规范的量刑方法，确

---

① 参见张俊鹏：《如何规范法官的自由裁量权》，http：//www.lybs.com.cn，2010 年 6 月 12 日。

② 参见唐亚南：《量刑规范化尚需规范的几个问题》，《法律适用》2010 年第 11 期。

③ 参见中国政法大学刑事法律研究中心、英国大使馆文化教育处编：《中英量刑问题比较研究》，中国政法大学出版社 2001 年版，第 6 页。

④ 同上。

⑤ 参见熊选国：《〈人民法院量刑指导意见〉与“两高三部”〈关于规范量刑程序若干问题的意见〉理解与适用》，法律出版社 2010 年版，第 51 页。

保在全国统一适用。[①]

量刑方法设计的目的在于使量刑的统一性和个别性得到尽可能的协调，尽可能地消解普遍性、抽象化的刑法条文和案件具体事实之间的沟壑，尽可能地使量刑中多样性的法官价值经验趋于一致，以及合理地限制法官的自由裁量权。[②] 那么，什么是量刑方法？在我国量刑方法的概念在理论界主要存在以下几种观点：第一种观点认为，量刑方法是指承案法官依法对犯罪分子裁量决定刑罚时所用的方法、步骤、程序、模式的总和。第二种观点认为，量刑方法是指法官对犯罪分子裁量刑罚时所采取的措施。第三种观点认为，量刑方法是指为实现量刑的目的而采取的对犯罪分子落实刑责的具体操作方法。第四种观点认为，量刑方法无非是在定罪之后适用量刑情节在法定刑的基础上所采取的技术手段。从上述量刑方法概念的定义来看，第一种观点未对量刑方法和量刑模式进行区分，而将两者混为一谈；第二种观点概括性地将量刑方法定义为法官量刑时所采取的手段，具体是指什么手段和范围没有指出；第三种观点认为量刑方法是对犯罪人落实刑责的具体操作方法，落实刑责的具体操作方法是否仅限于量刑方法则值得商讨；第四种观点认为量刑方法无非是在定罪之后适用量刑情节在法定刑的基础上所采取的技术手段，它是否还包括了量刑模式还有探讨的必要。[③]

在我国刑法学界，很早就有人提出量刑模式，即刑罚裁量模式的概念，认为量刑模式是指根据某类事物具有相同性质的原理，对各种量刑活动的表象所反映出来的共性的一种形式上的概括、归纳与抽象，并认为世界各国的量刑模式大致可以分为大陆法系的量刑模式和英美法系的量刑模式。大陆法系的量刑模式是以成文法规范为依据的量刑模式，从哲学上说是从一般到个别的推理；从形式逻辑来分析，是三段论式的演绎推理。而英美法系的量刑模式是以判例法规范为依据的量刑模式，这种量刑模式从哲学上说是从个别到个别的推理。我国实践中的量刑模式是属于大陆法系

① 参见熊选国：《量刑规范化办案指南》，法律出版社 2011 年版，第 35 页。

② 参见臧冬斌：《量刑的合理性与量刑方法的科学性》，中国人民公安大学出版社 2007 年版，第 169 页。

③ 参见庞国权：《电脑量型是司法进步还是理性缺失》，《中国社会导刊》2007 年第 1 期。

的量刑模式。[①] 量刑模式与量刑方法具有密切的联系，一般来说，量刑模式制约着量刑方法，而同一模式下，也可能存在许多种量刑方法。[②] 因此，量刑模式不等于量刑方法，量刑方法具有多样性与多层次性，从不同的角度可以分为多种，例如，从数学的角度，可以分为数量化的量刑方法与电子计算机的量刑方法；从刑事诉讼法学的角度，可以分为审判员独立量刑方法与合议庭或审判委员会集体讨论量刑方法；从不同的法系所采取的量刑依据的不同，又可以分为大陆法系的量刑方法与英美法系的量刑方法等。[③] 因此，笔者认为，所谓量刑方法，是指法官根据犯罪事实、犯罪性质、情节及其对社会的危害程度，并参照被告人的个人情况，按照刑法的有关规定，对被告人确定罪名后，对其进行刑罚裁量的步骤和方法，以及所借助的技术手段和模式。

在我国量刑规范化改革中，要实现公正司法、罚当其罪，构建科学的量刑方法实属重中之重。量刑程序改革能够在限制法官自由裁量权方面起到一定的积极作用，《量刑程序指导意见》提出，人民法院在审理刑事案件时，应当保障控辩双方就量刑展开充分辩论，保证被告人及其辩护人量刑辩护权利的充分行使。保障辩方的辩护权利，同时赋予控方量刑建议权，从而限制了法官的自由裁量权。《量刑指导意见》要求对犯罪的社会危害性进行量化分析，从而实现对法定刑幅度进行合理细分。在此基础上，再根据各种从轻或从重的情节对基准刑作出相应的调节，确定宣告刑。严格的量刑步骤，精准的量刑尺度，公开的量刑程序，都可以起到防止法官主观裁断的作用。但是，在司法实践中也存在一些困惑，有人认为，“世界上没有两片完全相同的树叶，量刑规范化不应一刀切，更不应是剥夺、限制法官必要自由裁量权的达摩剑，否则就是与进行量刑规范化改革的初衷背道而驰”[④]。笔者赞同这一观点，世界上也没有完全相同的案件。鉴于案件的复杂性、多样性，《量刑指导意见》不能涵盖所有的量

---

① 参见苏惠渔、张国全、史建三：《量刑与电脑——量刑公正合理应用论》，百家出版社 1989 年版，第 76 ~ 82 页。

② 参见马克昌：《刑罚通论》，武汉大学出版社 1999 年版，第 283 页。

③ 参见臧冬斌：《量刑的合理性与量刑方法的科学性》，中国人民公安大学出版社 2007 年版，第 173 页。

④ 赵秉志、彭新林编著：《量刑情节与量刑方法专题整理》，中国人民公安大学出版社 2009 年版，第 75 页。

刑情节。所以，如果量刑过分强调“量化”，就将法律变成简单的算术题，这样计算机就可以审理案件了。然而，案件的审理过程是一个系统的、复杂的、科学的社会活动，它是对一件事、一个人的行为或结果进行社会评判，这种评判是无法用简单的数字或没有情感的计算机来代替的，“一刀切”和过分强调“量化”，将使“罪刑相适应原则”得不到正确实施，不能真正维护社会的公平和正义。假如在同一案件中，一个经济条件好、主观恶性大的人犯罪后，对受害人进行了赔偿，就可以按照量刑规范酌定从轻处罚；而一个经济条件差、主观恶性小的人，无能力赔偿受害人，就不能酌定从轻处罚，其量刑结果就无法做到“罪刑相适应”，也无法体现社会的公平正义。此时，法官的必要自由裁量权就成为维护法律尊严的最后一道防线。因此，如何规范量刑方法是使得量刑公正的一个法宝。否则，将是从一个极端走向了另一个极端。[①]《量刑指导意见》将量刑方法规定为“基准刑量刑法”，将量刑步骤分为三步：一是根据基本犯罪事实在相应的法定刑幅度内确定量刑起点；二是根据其他影响犯罪构成的犯罪数额、犯罪次数、犯罪后果等犯罪事实，在量刑起点的基础上增加刑罚量确定基准刑；三是根据量刑情节调节基准刑，并综合考虑全案情况，依法确定宣告刑。人民法院第一次通过规范性文件的形式明确了量刑步骤，确立了基准刑量刑方法和步骤，弥补了我国量刑方法领域的空白。[②]

确立科学的量刑方法的意义在于更好地实现量刑公正，使用不同的量刑方法可能会出现不同的结果。因此，必须围绕量刑公正探索科学合理的量刑方法，使其成为实现量刑均衡的有力保障。如果量刑方法不科学，必然会造成量刑失衡，甚至会出现处罚畸轻、畸重、罚不当罪的现象，这违背了刑罚的目的。[③] 刑事法官在量刑时所依据的犯罪事实、犯罪性质、危害程度以及犯罪人的基本情况等因素，在一定程度上呈现出非量化性的特点，要从这些非量化性因素中找出一个量化的结果，实际上非常困难，要想解决这个困难，就得寻找出科学的量刑方法。科学的量刑方法是实现刑

① 参见唐亚南：《量刑规范化尚需规范的几个问题》，《法律适用》2010 年第 11 期。

② 参见熊选国：《〈人民法院量刑指导意见〉与“两高三部”〈关于规范量刑程序若干问题的意见〉理解与适用》，法律出版社 2010 年版，第 60 页。

③ 参见赵秉志、彭新林编著：《量刑情节与量刑方法专题整理》，中国人民公安大学出版社 2009 年版，第 75 页。

罚目的向最终的、具体的量刑结果转化的关键。量刑是为实现刑罚目的而服务的，而刑罚目的是抽象的，最终要体现在具体的量刑结果中，这就需要以科学的量刑方法作为中介，审判人员通过科学的量刑方法将抽象的刑罚目的落实于具体的量刑结果中，所以科学的量刑方法和量刑过程就是抽象的刑罚目的的具体化过程。①

量刑方法科学性的意义也在于科学的量刑方法是实现量刑合理性的关键，也是实现量刑合理性的重要保障条件和手段。就像“徒法不足以自行”一样，徒有合理的量刑目的和量刑原则也是没有意义的，科学的量刑方法使量刑摆脱个人直觉和感情色彩，使量刑活动奠基于理性分析之上，使量刑活动由经验上升为理性。② 量刑偏差是个全球性的问题，理论界与司法实务界都正在探索科学的量刑方法，有了科学的量刑方法就能解决量刑失衡，保证量刑的公正合理，有利于刑罚目的的实现。③

三 量刑方法的分类

在理论界和实务界关于量刑方法的分类很多，但根据我国量刑方法的现状及理论界的共识，量刑方法的分类主要有两类：一类是经验量刑法，另一类是科学量刑法。经验量刑方法分为估堆量刑法和基准量刑法，科学量刑法分为电脑量刑法和数学量刑法（即层次分析法、数学模型法、定量分析法）。④

1. 经验量刑法

经验量刑法一般分为估堆量刑法和基准量刑法。

（1）估堆量刑法

①估堆量刑法的背景

估堆量刑法是我国传统的刑罚裁量方法，属于一次性完成的综合估量式的量刑方法，是一种传统的经验作业法。在1979年我国第一部刑法颁

① 参见臧冬斌：《量刑的合理性与量刑方法的科学性》，中国人民公安大学出版社2007年版，第174页。

② 同上。

③ 参见马克昌：《刑罚通论》，武汉大学出版社1999年版，第299页。

④ 参见赵秉志、彭新林编著：《量刑方法与量刑情节专题整理》，中国人民公安大学出版社2009年版，第76页。

布实施之前，当时的估堆量刑法是指对被告人一人犯数罪实行并罚时，合议庭根据犯罪事实和法律，综合被告人的法定情节和酌定情节进行综合分析，然后法官凭借自己的经验，直接决定应执行的刑罚。对数罪实行估堆量刑是在特殊历史条件下产生的一种量刑方法，当时尚无统一刑法典，法制不健全，数罪并罚制度不完善。随着法治的不断发展和进步，人们渐渐发现这种估堆量刑法主观随意性较大，缺乏统一的标准，使刑事法官拥有较大的刑罚裁量权，无法确保量刑公正。1979 年颁布的第一部刑法对这种估堆量刑法予以废除，建立起新的估堆量刑法。所谓新的估堆量刑法，是指刑事法官根据案件的法定情节和酌定情节以及自己的审判经验，自主决定被告人的刑罚的一种量刑方法。我国 1979 年颁布的第一部刑法典对量刑制度作出原则性规定，对数罪并罚采取的是限制加重原则为主，以吸收原则和并罚原则为补充。1979 年《刑法》第 64 条规定："判决宣告以前一人犯数罪的，除判处死刑和无期徒刑的以外，应当在总和刑期以下、数刑中最高刑期以上，酌情决定执行的刑期；但是管制最高不能超过三年，拘役最高不能超过一年，有期徒刑最高不能超过二十年。如果数罪中有判处附加刑的，附加刑仍须执行。"

之前的估堆量刑视数罪为一整体，进行综合评判，直接得出数罪应执行的刑罚，从数罪到应执行的刑罚一次完成。1979 年的刑罚制度和之前的估堆量刑虽有了明显的区别，但仍然没有改变估堆量刑的实质。

②估堆量刑法的内涵

新的估堆量刑法，是指刑事法官在审判过程中，凭借自己对法律的理解和过去的办案经验，对犯罪人综合估量的量刑方法。其主要步骤是：刑事法官先通过审理案件了解案情，然后确定罪名，再根据刑法的相关规定，找出法定刑的范围，在此基础上，参照过去的司法实践经验，大概估量出应判处的刑罚，继而再考虑案件中的加重、减轻、从重、从轻和免除处罚的情节，综合地估量出刑事被告人应当判处的刑罚。严格说，这样的规定，是一种稍有限制的估堆量刑方法，刑事法官还是有较大的自由裁量权。

按照 1979 年刑法典，对于一人犯数罪采取并罚时，应分为两个步骤：第一个步骤是对数个犯罪分别定罪量刑，并分别量出与之对应的数个宣告刑；第二个步骤是对这些宣告刑根据该法第 64 条规定进行并罚，得出应执行的刑罚。第一个步骤与对其他单个犯罪的定罪量刑并无区别，第二个步骤则是对数个宣告刑进行并罚，是第二次量刑，由此最终决定应执行的刑期。因此，第二步骤是区别于其他量刑方法的关键，是限制加重原则的核心。

③估堆量刑法的利弊

我国的估堆量刑法，在刑事审判实践中发挥着重要作用，有其独特的自身优势，即操作简便、易行。刑事法官在量刑时，凭着自己对法律的理解和掌握，结合自己的司法实践经验，在一定范围内进行自主量刑，具有较大的灵活性，体现了人文的一面，对于解决各种疑难复杂案件具有较大的优势。同时，这种传统的估堆量刑方法已使用多年，为刑事法官所熟悉，操作起来比较方便，能够充分发挥刑事法官的智慧和自由裁量权。事实上，我国刑法分则规定的法定刑几乎都是相对确定的法定刑，法官在法定的刑种及其幅度内，根据法定情节和酌定情节自主决定具体刑种及其幅度，有助于适应千差万别的案情，体现了量刑的公正。表面上看，在自由裁量范围内法官是可以不受任何影响来决定被告人的量刑，但是这种自主并非随心所欲，必须建立在刑事法官依据各种案情并根据相应的法条的基础之上，即必须依据犯罪事实、性质、情节和危害程度等具体情况来量刑。但这种方法也有其弊端，集中表现在以下方面。

第一，估堆量刑法存在部分含糊、笼统的问题，有时难以保障量刑公正。由于 1979 年刑法之前的估堆量刑法对数罪的量刑是一次完成，没有对其中每个罪及其刑罚进行分别量刑，从中很难看出数罪中每个犯罪应判处的刑罚，也无法知道应执行的刑罚是怎样得出来的，因而显得含糊、笼统。相比之下，1979 年刑法规定的数罪并罚必须按照《刑法》第 64 条规定的“限制加重原则”，数罪中每个罪的处罚相对明朗，在很大程度上淡化了以前估堆量刑法的神秘。

第二，从表面上看，1979 年刑法规定的限制加重原则似乎消灭了估堆量刑法的暗箱操作，实际上它不仅没有完全消灭估堆量刑法的神秘，相反在避免过去的估堆量刑法弊端的同时，产生了新的更为隐蔽的估堆量刑方法。限制加重原则的第一步骤实际上是对数罪中各单个犯罪分别量刑，不涉及并罚问题，其方法是依据《刑法》第 57 条的规定对数个宣告刑进行并罚，决定应执行的刑罚，是并罚的过程。该步骤的关键是《刑法》第 64 条规定的“在总和刑期以下、数刑中最高刑期以上，酌情决定执行的刑期”，同时也受管制、拘役、有期徒刑的法定最高刑期的限制。在这个步骤中，刑法只规定了决定执行的刑期范围，在这个范围内依据什么标准决定应执行的刑罚，刑法并无明确规定，形成了量刑标准的盲区，完全依靠法官的自由裁量，估堆决定。例如，张三因犯盗窃罪被判处有期徒刑6年，犯故意杀人罪被判处有期徒刑10年，按照限制加重原则，应执行刑罚的选择范围是10年以上、16年以下有期徒刑，那么，刑事法官在10～16年这个范围内根据什么标准选择最终应执行的刑期，刑法没有规定。刑事法官可以判10年，也可以判16年。二者之间6年的差别，依据是什么？没有相关规定，主要依靠该主审法官的经验、修养、业务能力等，这实际上是限制加重原则本身所隐含的量刑标准盲区，导致刑事法官在规避了过去的估堆量刑法的暗箱操作后，又进入了新的估堆量刑方法的暗箱操作。[①]

第三，《刑法》第64条规定在总和刑期以下、数刑中最高刑期以上，“酌情决定”执行的刑期，似乎这里的“情”就是标准，仔细研究就会发现，这里的酌情并没有实际内容，无情可酌。不论是过去的估堆量刑法还是限制加重原则下产生的新的估堆量刑法，其共同特征是没有一个严谨、科学的裁量标准，刑事法官在一定的范围内可以任意估堆裁量刑罚。由于限制加重原则的处刑方法是在总和刑期以下、数刑中最高刑期以上之间估堆决定刑罚，在二审程序中，只要数罪中的每个处罚不被推翻，总和刑期与最高刑期就没有发生变化，二审法院即使认为量刑畸轻或者畸重，也没有理由和根据改判一审法院的裁判。在审判监督程序中，也会面临同样的尴尬。[②]

（2）基准量刑法

①基准量刑法的背景

量刑基准一词来源于国外。日本学者指出，量刑基准是法官在量刑时对每一个刑事罪名所事先设置的刑罚种类和幅度。在司法实践中，之所以能够使同样性质的案件得到相似的刑罚，甚至有的法律工作者在一定程度上能够预测出量刑结果，就是因为量刑过程中存在着事实上的量刑基准对

---

① 参见赵秉志、彭新林编著：《量刑情节与量刑方法专题整理》，中国人民公安大学出版社2009年版，第75页。

② 同上书，第76页。

量刑活动的制约和引导。德国学者认为，在具体案件中，法官一般会根据案情在刑罚的幅度内，找出一个“切入点”，在量刑时，法官从该“切入点”出发进行加减刑量，最后，找出适当的量刑点。不过，对量刑基准在认识上也存在一定的分歧。有些学者认为，量刑基准是指某一犯罪在既遂状态下，不考虑任何影响量刑轻重因素时所应对该罪判处的刑罚，它表现为一个点而不是一定的幅度。另外一些学者认为，量刑基准是指排除各种法定和酌定情节，对某种既遂状态犯罪所应判处的刑罚，在绝大多数情况下表现为一定的幅度而不是一个点。①

近些年来，我国理论界和实务界在量刑规范化改革中尝试确立量刑基准，然而，理论界与实务界对量刑基准的认识存在许多分歧意见：一种意见认为，刑法已经为具体犯罪设置了量刑幅度，这本身就是基准刑，在量刑幅度范围内设立基准刑，不但没有法律根据，也根本没有这个必要。另一种意见认为，我国刑法规定的量刑幅度过于宽泛，在司法实践中，对刑事被告人适用从轻、从重处罚或减轻、加重处罚都比较难以把握，所以，设立量刑基准，刑事法官不但能够更准确的决定刑罚，而且能够在全国范围内统一标准，预防量刑畸轻畸重现象发生。② 目前主流观点认为量刑基准应该存在。

②基准量刑法的内涵

我国探讨量刑基准已经多年，目前虽然主流观点也认为量刑基准应该存在，但就量刑基准的概念仍然存在分歧：一种观点认为，量刑基准是指刑事法官在量刑时裁量刑罚的基准点。另一种观点认为，量刑基准是指法官在认定刑事被告人有罪之后，裁定或判决刑事被告人宣告刑时所依据的标准。还有观点认为，量刑基准是指法官根据案件事实，判定适用一定的量刑幅度，在不考虑任何量刑情节的情况下仅就其构成事实所应当判处的刑罚。③ 笔者认为，量刑基准应当包括基准刑和基准事实两个方面的内容，基准刑即刑事法官在具体案件中对刑事被告人从重、从轻或减轻加重处罚的参照标准。以被告人谢某故意伤害案为例。被告人谢某于 2008 年 4 月 26 日 10 时许，在北京某小区 4 号楼楼下，因见到其叔叔金某与被害

① 参见何庆仁：《量刑公正的实体研究》，载陈兴良《刑事法评论》（第 14 卷），中国政法大学出版社 2004 年版，第 483 页。

② 参见周光权：《刑罚诸问题的新表述》，中国法制出版社 1999 年版，第 349 页。

③ 参见吴景芳：《刑罚与量刑》，《法律适用》2004 年第 2 期。

人刘某、张某等人发生口角，遂上前参与纠纷，并用拳头对被害人刘某、张某进行殴打，致张某脑挫裂伤、外伤性蛛网膜下腔出血、右顶骨骨折，经法医鉴定为轻伤（偏重，经伤残等级鉴定为）；致刘某头皮裂伤清创缝合术后、脑外伤后神经反应，经法医鉴定为轻微伤。2008 年 6 月 5 日，被告人谢某接电话通知后到公安机关投案。在庭审过程中，被告人谢某在其亲友的帮助下，就民事赔偿问题与被害人刘某和张某分别达成调解协议，赔偿刘某人民币 16000 元，赔偿张某人民币 65000 元，现已支付完毕，被害人刘某、张某对被告人谢某表示谅解。

北京市某区人民检察院起诉书指控，被告人谢某犯故意伤害罪，于 2009 年 4 月 14 日向某区人民法院提起公诉。法院依法组成合议庭，公开开庭审理了本案。

检察机关向法院提供了相应证据材料，认为被告人谢某的行为已构成故意伤害罪，且有自首情节，提请法院依照《刑法》第 234 条第 1 款、第 67 条第 1 款之规定，对被告人谢某定罪量刑。

被告人对起诉书指控的事实与罪名没有提出异议。

某区人民法院认为，被告人谢某因琐事处理不当，故意伤害他人身体，且致一人轻微伤和一人轻伤，其行为已构成故意伤害罪，应予惩处。某区人民检察院指控被告人谢某犯有故意伤害罪的事实清楚，证据确实、充分，指控罪名成立。鉴于被告人谢某能主动投案并如实供述犯罪事实，系自首，结合其能在亲友的帮助下与被害人刘某、张某达成调解协议，赔偿被害人的经济损失，且获得了被害人的谅解，认罪、悔罪态度较好，依照《刑法》第 234 条第 1 款，第 67 条第 1 款，第 72 条第 1 款，第 73 条第 2 款、第 3 款之规定，判处被告人谢某有期徒刑 8 个月，缓刑 1 年。根据该案的量刑，可作如下分析。

首先，确定量刑起点。量刑起点的确定依据是基本犯罪构成事实。本案的基本犯罪构成事实是被告人谢某殴打被害人张某致轻伤，根据《刑法》第 234 条第 1 款的规定，对应的法定刑幅度为 3 年以下有期徒刑、拘役或者管制。《量刑指导意见》规定，故意伤害致一人轻伤的，可以在 6 个月至 1 年 6 个月有期徒刑幅度内确定量刑起点。考虑到张某的伤情为轻伤，情节一般，本案的量刑起点选择为 1 年有期徒刑。

其次，确定基准刑。基准刑的确定依据是犯罪构成事实，具体到故意伤害罪，可以在量刑起点的基础上，根据伤亡后果、伤残等级、手段的残忍程度等犯罪事实增加刑罚量，确定基准刑。在本案中，被告人谢某使用拳头进行伤害，手段一般，不必依此增加刑罚量。但是，被害人张某的轻伤属于偏重，伤残等级为10级伤残，可以增加6个月刑罚量。另外，被告人谢某还造成刘某轻微伤，依据《量刑指导意见》规定，每增加一人轻微伤，可以增加刑罚量3~6个月刑期，根据本案案情可以增加刑期6个月。合计应该增加的刑罚量为1年。故本案基准刑为：12个月+12个月=24个月。

最后，根据量刑情节调节基准刑，确定宣告刑。第一，提取量刑情节，量刑情节分为罪中情节和罪前、罪后情节。本案中，被告人谢某不具有罪中情节，但具有如下罪前、罪后情节：

其一，本案系因被告人的叔叔金某与邻居刘某、张某之间邻里纠纷引发。依据《量刑指导意见》规定，因婚姻家庭、邻里纠纷等民间矛盾激化引发的故意伤害罪，可以减少基准刑的20%。鉴于被告人谢某非民间矛盾纠纷的当事人，只是见到纠纷后上前殴打被害人，本项量刑情节一般，被害人过错相对于被告人谢某不大，法院确定减少基准刑的10%。

其二，被告人谢某在案发后，接到公安机关电话传唤到案，并如实供述犯罪事实，具有自首情节。依据《量刑指导意见》，对于自首情节，综合考虑投案的动机、时间、方式、罪行轻重、如实供述罪行的程度以及悔罪表现等情况，可以减少基准刑的40%以下；犯罪较轻的，可以减少基准刑的40%以上，或者依法免除处罚。本案虽然属于故意轻伤害案件，但是毕竟给被害人造成的轻伤偏重，且还造成一名被害人轻微伤，因此不宜认定为犯罪情节较轻，只能认定为犯罪情节一般。同时，被告人谢某是在公安机关已经掌握了其犯罪事实的情况下，接到电话传唤到案，这种到案的主动性是各种自首情形中较弱的情形。因此，不宜给其较大幅度的从轻评价。综合上述情形，法院确定减少基准刑的25%。

其三，被告人谢某在其亲友的帮助下赔偿了被害人的全部经济损失。依据《量刑指导意见》，对于积极被害人经济损失的，综合考虑犯罪性质、赔偿数额、赔偿能力等情况，可以减少基准刑的30%以下。虽然赔偿了被害人的全部经济损失，但是赔偿是在案发后直到庭审过程中经法院调解才赔偿，这种赔偿的主动性一般，而且没有超额赔偿等内容，法院确定减少基准刑的20%。

其四，被告人谢某与被害人及其家属达成了和解，取得了被害人及其家属的谅解。依据《量刑指导意见》规定，对于取得被害人或者其亲属谅解的，综合考虑犯罪的性质、罪行轻重、谅解的原因以及认罪悔罪的程度等情况，可以减少基准刑的20%以下。本案被告人谢某取得被害人及其家属的谅解，是因为有积极赔偿的表现，是直到法庭主持调解后才取得的谅解，谅解情节一般，因此法院确定减少基准刑的10%。

第二，按照《量刑指导意见》规定的量刑方法计算。依据《量刑指导意见》规定，具有多种量刑情节的，根据各个量刑情节的调解比例，采用同向相加、逆向相减的方法确定全部量刑情节的调节比例，再对基准刑进行调节。本案没有值得评价的罪中情节，只有罪前和罪后情节，罪前和罪后情节属于同向量刑情节，应该一并评价。根据上述分析所确定的基准刑和量刑情节所确定的调节基准刑的比例，可以计算拟宣告刑为：24个月×（1－10%－25%－20%－10%）＝8.4个月。

第三，行使自由裁量权，确定宣告刑。上述8.4个月的拟宣告刑在故意伤害罪（轻伤）的法定刑幅度内，考虑到一般不宜以天数计算刑期，从罪责刑相适应的角度出发，根据《量刑指导意见》规定可以行使10%以内的裁量权，确定再次从轻5%的调节幅度。这样确定的刑罚量为8.4×（1－5%）＝7.98个月，可以考虑宣告刑为8个月。另外，依据《量刑指导意见》规定，宣告刑在3年以下有期徒刑、拘役并符合缓刑适用条件的，可以依法宣告缓刑。被告人谢某犯罪情节较轻，有悔罪表现，没有再犯罪的危险，宣告缓刑对所居住社区没有重大不良影响，符合判处缓刑的条件，该法院应依法对其宣告缓刑，决定判处其有期徒刑8个月，缓刑1年。

我国刑法确定的罪刑关系是一种抽象概括的罪状与量刑幅度之间的一一对应关系，由于每一个抽象而概括的罪状都包含着很多具体犯罪事实，刑法规定的每一个量刑幅度同样也包含着很多的具体刑罚，所以，在司法实践中我们遇到的案件中具体犯罪事实与具体刑罚之间事实上并非一一对应，而是错综复杂。如何能让法官在量刑时不但有法可依，还有据可照，确定量刑基准不失为是一种有益尝试。在审理案件时，刑事法官把具体审理的案件事实与基准事实相比较，就可以得出刑事被告人的社会危害性，进而判断出应从重或从轻、加重或减轻的处罚标准，这个可以参照的标准便是基准刑。事实上，量刑基准的意义和价值在于它确定了量和刑的关系，从而可以寻找到个罪量刑幅度中罪刑对应关系。

③基准量刑法的利弊

由于基准事实是一个具体事实，从应然的角度讲，该基准事实所对应的基准刑应该是一个具体的点。[①] 基准刑是一个点，对于一个幅度而言更具体、更方便。如果基准刑是一个幅度的话，比如，张三犯抢劫罪，所对应的法定刑是3年以上10年以下，如果量刑基准是6~7年有期徒刑，幅度为1年，[②] 根据该量刑基准，对被告人张三从重或从轻处罚时，只能通过上升或者下降幅度的方式来体现，从重处罚有“8~9年”“9~10年”两种选择，从轻处罚只有“5~6年”“4~5年”“3~4年”3种选择。相对而言，法官在给被告人量刑时，选择的余地较少，面对千差万别的案情，难以实现量刑公正。如果基准刑是一个点时，比如，上述张三抢劫罪的基准刑定为有期徒刑7年6个月，刑事法官通过将其具体的案件事实与基准事实对比，发现二者差距较为明显时，则可以大幅度地调整基准刑。如果二者差距不大，也可以微调基准刑，这种对量刑的调节更细致、更准确，更能体现罪责刑相适应，说到底，更能体现量刑公正。

从逻辑上讲，法官在量刑时，无论通过何种量刑方法，实际上确定量刑基准是法官在量刑时所无法绕开的一个环节。《刑法》第62条规定的从重、从轻处罚问题，以前有观点认为，从重处罚就是在相应的量刑幅度内选择相对较重的刑种或者在刑罚中心线以上量刑；从轻处罚就是在相应的量刑幅度内择较轻的刑种或者在刑罚中心线以下量刑。[③] 现在无论是实务界还是理论界都否认了这种观点，主流观点认为，某量刑情节从重、从轻处罚的参照点是特定事实情况的具体刑罚，该具体刑罚便是量刑基准。由于我国规定的法定刑幅度一般比较宽，法定刑无法起到基准刑的作用。在司法实践中，很多法官在量刑时，无论是否采用基准量刑法，他们都会在量刑时根据案件的具体事实、情节等，在法定刑范围内估量出一个基准点，并对该基准点进行不断的修正，最终决定宣告刑，该基准点就是量刑基准，也有学者称之为基本刑或基础刑。目前，最高人民法院出台的《量刑指导意见》就是运用了这一量刑方法。

---

① 参见林亚刚、邹佳铭：《关于量刑基准的几个基本问题》，《学术界》2009年第6期。

② 参见郑伟：《法定刑的基准点与量刑的精雕细琢——〈美国量刑指南〉给我们的启示》，《人民司法》2003年第7期；陈学勇：《关于量刑基准问题的新思考》，《人民司法》2008年第3期。

③ 参见胡学相：《量刑基本理论的研究》，武汉大学出版社1998年版，第186页。

2. 科学量刑法

科学量刑法主要分为电脑量刑法和数学量刑法。

（1）电脑量刑法

①电脑量刑法的背景

在我国刑事审判实践中，估堆量刑法的缺陷是对犯罪的量刑方法侧重经验判断而忽视理性决断，侧重于定性分析而忽视定量分析，这导致对相同或相似犯罪事实、相同或相似量刑情节的犯罪人量定刑罚轻重悬殊的重要原因。[①] 随着现代科学技术的飞速发展，为传统量刑方法的更新改革提供了必要的物质基础，一些学者开始借助电脑等新的科学技术来探索量刑的科学化问题。

我国刑法学界较早研究电脑量刑的学者是赵廷光教授，他从 1987 年开始研究量刑公正与人工智能技术相结合的一些问题。经过 6 年的探索，完成了人工智能软件“辅助量刑系统”的开发研制，在社会上引起广泛关注，同时也出现较大争议。

②电脑量刑法的内涵

电脑量刑法又称电子计算机量刑法，是综合运用控制论、信息论和现代系统论的成果，采用电子计算机和数学模型的技术，根据法官提供的案情，运用系统存储的法律知识进行判断，为法官审理刑事案件提供量刑方案。[②] 电脑量刑的关键是研制电脑辅助量刑的专家系统。赵廷光教授经过 6 年的探索，开发研制出人工智能软件“辅助量刑系统”，它的具体运用方法是：首先，设置量刑标尺，将其划分为 200 个刻度，把其中各刑罚折算为有期徒刑的月数，1 个刻度代表刑罚轻重的数量。其次，在找准法定刑并根据量刑情节评价刑事被告人，将其所反映的人身危险性和社会危害性程度用积分形式予以表示，以计算出刑期的大小。最后，将量刑情节的轻重积分与量刑空间的轻重刻度按“1∶1”相对应，前者在相应量刑空间中的读数便是量刑的数量。[③]

③电脑量刑法的利弊

2006 年，电脑量刑法被舆论推向风口浪尖，国内很多媒体对电脑量

---

① 参见苏惠渔等：《量刑方法研究专论》，复旦大学出版社 1991 年版，第 8 页。

② 同上书，第 3 页。

③ 同上书，第 1 页。

刑法褒贬不一，众说纷纭。有人称山东省淄博市某区人民法院是第一个吃螃蟹的人，电脑量刑不仅能提高法官断案的效率，还能在一定程度上限制法官的自由裁量权，防止同案不同判，保证了量刑公正。有人则认为，每起案件的案情千差万别，法官应对具体的案件有针对性地量刑，而电脑量刑忽略了案件的个别化标准，有失公正。[①] 海外法律界人士及公众传媒对电脑量刑也有相同的反应：对中国大胆创新的举措感到惊奇，对机器审判人类、鼠标点击判决的可能性抱有相当程度的忧惧。虽然电子计算机软件不会腐败，但在斟酌案件的法定情节和酌定情节时不会有弹性处理。有学者戏称，这种量刑自动化、迅速化的电脑操作系统，简直就像一台不停运转的绞肉机那样令人不寒而栗。[②]

笔者认为，电脑量刑法体现了法学专家在量刑方法上所作出的不懈努力和积极探索，为后人研究科学的量刑方法留下了珍贵的研究资料和宝贵的精神财富，功不可没。但是，由于技术发展的限制，电脑量刑充其量只能是法官的一个辅助工具，无论科技含量多么高的技术，都不能解决生活中纷繁复杂的案件，更不能代替法官主观能动性的发挥。[③]

（2）数学量刑法

①数学量刑法的背景

数学量刑法把数学运用到量刑中来，是一种大胆的创新和尝试，对于数学量刑的科学性有不少学者和专家也提出了质疑。有观点认为，数学量刑实际上操作起来非常复杂，数学上的加减乘除不能涵盖纷繁复杂的案情，不具有可行性，同时数学量刑与刑法理论思维规律并不一致，难以满足量刑公正的要求。

②数学量刑法的内涵

数学量刑法，是指刑事法官在进行量刑时，采用数学方法，把具有相同性质的刑事案件，分别罗列出被告人的犯罪情节，并分成若干等级，然后利用数学原理，排列出若干档次，按照罪刑相适应的原则，通过数学模型与具体案情一一相对应，找出相应的档次刑。数学量刑法又分为 3 种，

---

① 参见赵秉志、彭新林编著：《量刑情节与量刑方法专题整理》，中国人民公安大学出版社 2009 年版，第 97 页。

② 参见季卫东：《电脑量刑辩证观》，《政法论坛》2007 年第 1 期。

③ 参见赵秉志、彭新林编著：《量刑情节与量刑方法专题整理》，中国人民公安大学出版社 2009 年版，第 97 页。

即层次分析法、数学模型法和定量分析法。

第一，层次分析法。其是指运用决策科学原理进行量刑的一种方法，它的原理是将量刑作为一种决策活动，根据各种量刑因素，确定最佳量刑结果。

层次分析法相对于传统的估堆量刑法而言，在很大程度上限制了法官的自由裁量权，并在一定程度上解决了量刑因素中非定量性因素之间的矛盾。但是，决策学本身是一门综合性非常强的学科，它几乎涉及所有的知识领域，这对刑事法官提出了很高的要求。因此，这种量刑方法的可行性还有待商榷。笔者认为，科学合理的量刑方法，不仅要从量刑的目的出发，还要具有规律性、工具性、简便性，但对于我国的司法现状而言，对层次分析法在量刑中的运用还有一定的困难。因为我国的刑事法官长期受估堆量刑法的影响，已经形成习惯性思维，比较重视个人的感觉和经验，要想推行适用层次分析法进行量刑，还需要一个过程。

第二，数学模型法。其是指建立系统的量刑方法模型，使用数学的方法进行量刑，在适用这种模式量刑时，首先要建立以量刑结果为目标函数的数学公式，并确定相应的变量数据库。然后，挑选各类典型案例，案例的类型和量刑范围应当具有相当大的覆盖面，对调试后的数学模型从刑法理论上作进一步的修改、评估，直到认为合理。这种试图使量刑完全数据化、精准化的量刑方法，的确是一种省事省时的量刑方法。但是，这样的量刑方法是否具有科学性也值得探讨。例如，所谓“数学模型”“变量”等的确定，本身就具有一定的主观性。再如，所谓的“典型案例”，事实上，再典型的案例也不能涵盖所有现在的案件及未来的案件。

第三，定量分析法。其是指根据刑法规定，对犯罪事实情节和法定幅度作定量分析，从而确定宣告刑。也就是说，刑事法官在量刑时，对被告人的犯罪事实所涉及的法定情节和酌定情节作出具体分析，根据我国刑法的规定，找出相对应的量刑幅度。这种量刑方法实际上还是把数学原理引入了量刑。把本应由法理分析判断的法定情节和酌定情节，用数学的语言表述出来，并将这种犯罪情节分为若干等级。然后，再换算为若干刑档。最后，找出与之相对应的刑档，按照罪行相适应的原则确定应处的刑罚。

③数学量刑法的利弊

数学方法有四个特点：第一，广泛的适用；第二，高度的概括性；第三，严密的逻辑性；第四，表达形式和内容的简明性。数学方法不仅是人类思维高度抽象的结果，它本身也是思维的工具。因此，数学本身的这些特点使其在科学发展中有明显的优越性。数学方法的广泛使用使得其他科学提高了科学程度，而显现出越来越有效的实用价值。

在我国，数学量刑法就是在比较宽的法定刑幅度内，根据犯罪事实、性质和情节等因素，对犯罪人实际应受的刑罚量的计算。现行刑法抛弃了估堆量刑法的弊端，综合了传统量刑方法中数列系统的客观规律，对传统的量刑方法进行了粗略的改造，但仍然没有逃脱层次分析法和数学模型法的复杂性和主观性，也没有达到控制论和信息论的理论成果。虽然使用了数学手段，但并没有达到数学化方法的程度。因此，按照定量分析法去量刑，仍然不具有科学性。实际上，数学量刑法在与量刑有关的数量信息上具有确定性和模糊性两种状态。所谓确定性就是量刑的有关信息是确定的，如犯罪人的年龄、非法占有财物的数额等；所谓模糊性，是指量刑的有关信息是不确定的，如情节、手段、悔罪表现等。对于确定的量刑信息，既可以选择确定的描述方法，也可以选择模糊的描述方法，但是，对于模糊的量刑信息，采用确定的描述方法是不可行的。量刑活动的依据是犯罪事实、情节等，其中一些犯罪事实和情节是模糊的，但所根据的刑法规定却是明确的，而对具体的犯罪人量刑又是模糊的。因此，要想客观地在量刑活动中实现从模糊过渡到确定，只依靠确定的描述方法是难以实现的。

第二节　量刑方法类型化之解析

如果法院的正当裁判受到人们的质疑，若不是法官本身的问题，则更可能是方法出现了问题。在缜密的法律思维中，我们应该以怎样的思考形式，实现对审判正义的有力提升，笔者认为，将量刑方法类型化不失为一种有益的探索。那么，什么是类型？德国的法学家卡尔·拉伦茨认为，当抽象概念及其逻辑体系不足以掌握生活现象或意义脉络的多样表现形态时，大家首先想到的就是类型，类型在社会学里实际上是一种补充思考形式，如今很多学科都在利用这种思考方式解决无法破解的难题。虽然人们对类型的理解可能不尽相同，甚至完全不同，但丝毫不影响类型在人们心目中的价值。

一 类型化概述

从一般意义上讲，类型并不是指某一类事物的集合体，而是相对于类别的一个概念。类别，又称“抽象概念”，它是指具有相同特征的事物。例如，在“环卫工人”与“钢铁工人”中，前者的特征是：做清洁工作；是人。后者的特征是：冶炼钢铁；是人。也就是说，他们所做的工作不同，但他们都是人，属于同一类型，尽管某些特征相同，但却有所不同。例如，某事物具有 a、b、c、d、e 特征，另一事物具有 a、b、c、f、g 特征，由于它们都有 a、b、c 特征，就属于类型化中的同一“类型”。运用刑法解决问题，所涉案件与法律规定或判例往往不完全相同，但只要主要特征相同，就属于同一类型，就可以用该法律规定或判例解决新的问题。[①] 类型化的研究方法源于德国学者马克思·韦伯的理想类型，是研究社会和解释现实的一种概念工具，是一种重要的、有效的社会科学的研究方法，在法学中得到广泛的应用。[②] 但在中国，“类型化”作为一种具有重要价值的思考方式，并未引起应有的关注。与概念式的思考不同，类型化的思考是一种同时容纳了归纳与演绎两种流程的双向思考，是一种“中等抽象程度”的思考，是一种开放性的思考，是一种关系化的、结构化的思考。在刑法解释学上，类型化的方法论意义，一直以来没有得到应有的重视，在一定程度上导致在刑法问题上产生了很多歧义。例如，一些学者在解释我国刑法规定的金融诈骗罪中的 8 种罪名是否“以非法占有为目的”时，就产生了歧义。我国刑法只对集资诈骗罪、贷款诈骗罪规定了“以非法占有为目的”，有人认为，其他 6 种罪名不需要“以非法占有为目的”。如果我们运用类型化的思维，就会很容易理解这种情况：这 8 种犯罪都是金融诈骗罪的类型之一，而金融诈骗、合同诈骗、普通诈骗又是诈骗罪的类型，“以非法占有为目的”是诈骗罪的一个共同特征，那

① 参见刘士国：《类型化与民法解释》，《法学研究》2006 年第 6 期。
② 参见刘伟刚、王晓敏：《环境侵权的类型化及民事责任探析》，《学理论》2012 年第 6 期。

么，从类型化体系脉络中就能得出其他犯罪也应“以非法占有为目的”。[①] 类型化思维所具有的上述特征，使得我们对刑法中的诸多难题获得了更具有说服力的认识和理解。[②] 类型只能是“可以加以说明”，它虽然有一个固定的核心，但没有固定的界限，[③] 因此，类型可以适应复杂多样的现实。我们无法将很多事实涵盖于概念之下，但能将很多具体事实归类于类型之下，并使之产生对应。因此，类型不再是一种精确的形式逻辑思维。[④] 总之，类型比概念宽泛、含糊，概念比类型盲目，完全将类型概念化是不可能的，概念只能是一种类推的过程，它虽然是明确的，但同时又是抽象的。[⑤]

类型化是法学方法论的重要方法之一。我国的法学方法论一直以来都比德国、英国等国家落后，我国的法学方法论研究还处于初级阶段，类型化的研究更是处于萌芽状态。当概念不足以表达和概括现实生活中纷繁复杂的现象时，适用类型化的方法去表达，更能体现出个案中具体要素的细化和归纳。那么，到底什么是类型化？所谓类型化，就是将本质相同的事物分类，这种分类伴随着概括、归纳、说明，同时，把生活事实与系列规范对应调试的同化过程，它是介于具体规范与抽象概念之间的一种中间思考方式，它是一种有效的、重要的社会科学研究方法，在法学研究中得到广泛的应用。在中国，类型化作为一种具有重要价值的思考方式，并未引起应有的关注。与概念式的思考方式不同，类型化的思考是一种同时容纳了演绎与归纳的双向思考过程，它是一种“中等抽象程度”的思考，是一种开放性的思考，是一种关系化、结构化的思考。[⑥]

在刑法学领域，类型化同样是一个基本的研究方法。其目的是按照一定的标准对某一项事物进行分类总结，为相应的救济途径的设计或漏洞弥

---

① 参见颜超明：《故意杀人行为的类型化思考》，《江西公安专科学报》2010 年第 2 期。

② 参见［德］亚图·考夫曼：《类推与事物本质——兼论类型理论》，吴从周译，台北学林文化事业有限公司 1999 年版，第 40 页。

③ 参见吴丙新：《刑法解释研究学术报告》，《刑事法评论》2009 年第 2 期。

④ 参见王麟：《行政附款问题研究》，博士学位论文，中南大学，2011 年，第 32 页。

⑤ 参见［德］亚图·考夫曼：《类推与事物本质——兼论类型理论》，吴从周译，台北学林文化事业有限公司 1999 年版，第 40 页。

⑥ 参见杜宇：《再论刑法上之“类型化”思维——一种基于“方法论”的扩展性思考》，《法制与社会发展》2005 年第 6 期。

补奠定实证基础。类型化，作为一种分类研究的方法，[①] 能够为我们研究的课题提供一个清晰而简便的理论模型，有利于我们在比较和分析这些研究模型中深刻把握其本质。同时，作为一种理论，类型化又能为我们的实践提供依据。

类型永远比抽象的概念在内容上显得更直观、更丰富、更有思想和意义。“概念是抽象的、封闭的；它的思维方式是一种‘分离式’‘非此即彼’的思维，而类型则是开放的、流动的、有联系的、有意识的关联，它无法严格界定界限的思维，可以适应现实生活的各种变化。”[②] 类型无法被定义，只能被描述。例如，《德国刑法典》第 185 条描述了“侮辱”将如何处罚。因此，类型不能像概念一样将具体事实“涵摄”其下，它只能以一种较高或较少的程度，将具体事实“归类”于类型之下，“使其产生对应”，因此，类型不再是一种精确的形式逻辑的思维。[③]

类型与个别出现的具体事物不同，它是反复出现的事物，在刑罚理论上就是刑罚理念与生活事实的中间点。立法者的任务就是在立法过程中去描述生活事实中反复出现的各种类型，并借助抽象概念作为制定法建构之外形，将其制定成为刑法规范。因此，规范类型仍然成为制定法背后的基础。司法者必须在适用刑罚时，在刑法规范所意涵的类型中掌握生活事实，以便对其加以正确评价。刑事判决的结果，必须不断地探求作为制定法基础的“不法类型”，以求正确评价其所面临的生活事实。[④] 因此，要想探索量刑公正，首先必须对量刑方法类型化进行科学研究和探讨。德国著名法学家亚图·考夫曼说：“类型是我们取得标准的模范，它比理念更优良，比概念更逴论。”[⑤]

二 量刑方法类型化的理论价值

我国量刑方法类型化研究还处于萌芽。由于研究方法在很大程度上决

---

① 参见马明珠：《行政诉讼类型研究》，硕士学位论文，西南政法大学，2005 年，第 18 页。

② 朱峰：《不同法治背景下的类推制度》，《环球法律评论》2004 年第 2 期。

③ 参见杜宇：《再论刑法上之“类型化”思维——一种基于“方法论”的扩展性思考》，《法制与社会发展》2005 年第 6 期。

④ 参见董玉庭：《ATM 机上非正常取款行为的刑法学分析》，《人民检察》2008 年第 4 期。

⑤ ［德］亚图·考夫曼：《类推与事物本质——兼论类型理论》，吴从周译，台北学林文事业有限公司 1999 年版，第 11 页。

定着研究的过程和命运，可以说一切事物的研究归根结底都是方法论的研究。只有方法论的科学更新，才能更好、更快、更顺利地研究和解决疑难问题。

从司法实践上讲，量刑方法类型化是弥补量刑方法漏洞的理论基础。量刑方法类型化思考方式既适用于刑事司法，也适用于刑事立法。[①]量刑是刑事审判活动的重要组成部分，因而，量刑方法类型化研究的重点就在于如何确保量刑过程中对刑法规范的遵守。有观点认为，刑法不仅调整被告人的行为，也要规范刑事法官的审判行为。在刑法调整过程中，法律方法论的重点就是维护法治，法治要求法官服从和遵守法律，而量刑方法类型化在限制刑事法官量刑时裁量权的行使，防止司法腐败方面起着重要的保障作用，并且，这种功能在整个刑事司法过程中时时刻刻地存在着。

从理论上讲，量刑方法类型化是实现刑罚目的向科学化、合理化的量刑结果转化的关键，量刑是为实现刑罚目的而服务的，刑罚目的是概括的、抽象的，刑事法官通过类型化的量刑方法将抽象的刑罚目的落实到具体的量刑结果中。从实践上讲，量刑方法类型化有着重要的价值，但更重要的是其工具价值。量刑公正对整个刑事审判至关重要，事关整个诉讼价值的实现，它是实现刑罚公正、提升案件质量的有效途径，对刑事司法实践具有重要意义。量刑方法的目的在于实现量刑的公正合理，从而震慑犯罪，预防和减少犯罪的发生，维护社会稳定。

在刑法解释学上，类型化的方法论意义具有重要的价值。[②] 量刑方法类型化具有指引人们获得理性知识的价值，它以一般的科学陈述的方式描述了刑事法官如何对刑事被告人的行为科处刑罚的工作方式，以使司法实务者开展量刑的过程及结果。量刑方法类型化有两个层次，第一，它是一般方法论，与哲学方法论相同，属于形而上学的知识论体系。也就是说，把哲学方法引入刑法学领域来指导研究刑法，包括量刑问题；同时，还可以用来研究刑法中的某个具体问题。第二，在刑法学这一学科领域对量刑问题研究所采用的一系列的方式、方法，是一种综合性的知识理论体系，

---

① 参见刘士国：《类型化与民法解释》，《法学研究》2006 年第 6 期。

② 参见杜宇：《再论刑法上之“类型化”思维——一种基于“方法论”的扩展性思考》，《法制与社会发展》2005 年第 6 期。

其中包括一些具体的研究方法，如分析比较法、实证法、经验法、规范法等。

三　量刑方法类型化的现实意义

第一，量刑改革已被纳入中央司法改革部署和人民法院改革纲要。量刑规范化改革是新中国刑事法治发展进程中的一件大事，对于规范司法行为，统一法律适用标准，促进公正廉洁司法，提高法院公信力等具有重大意义。

第二，为"量刑规范化改革"的重点部分即量刑方法提供必要的纵深探讨。目前，我国理论界和实务界正在探讨的量刑方法系统分析法、数学量刑法、电脑量刑法等，都或多或少地存在一定缺陷，致使量刑失衡，因此，本书力求构建符合我国实际的具有可操作性的量刑方法。本书的切入点就是对"类型化"的量刑方法展开深化研究，为构建社会主义和谐社会、实现社会公平正义提供更加有力的司法保障。

第三，为架构量刑方法类型化规范制度奠定理论基础。本书的研究尝试在一定程度上丰富和发展类型化的量刑方法理论，同时检讨并反思我国现有量刑方法理论，从而为架构量刑方法类型化规范制度奠定理论基础。

科学的量刑方法是实现量刑合理性的关键，也是实现量刑方法合理性的重要手段。科学合理的量刑方法能使量刑摆脱个人直觉和感情色彩，使量刑活动由直觉、感情、经验上升为科学与理性。一切事物的本质都是包含在一定的类型之中，从事物本质产生的思维是类型化的思维，所以，当代法哲学上最具有现实意义的难题之一是将事物本质归类为当代法律理论的"类型"之中。类型具有直观性、具体性，它虽然有一个固定的核心，但没有固定的界限，所以，对于类型，无法对其下一个确切的定义，只能是加以说明或描述。同时，类型也与个别现象或个别事物不同，只出现一次的事物不是典型的类型，只有在一定范围之内，才有可能成为类型。在法律领域里，类型是指规范类型，而不是平均类型，理想类型就是在法律理念与生活事实中找到中间点，因而比较丰富和直观，同时也不可能受我们的支配，因为类型不是随意构建的。这意味着刑事法官在适用类型化的量刑方法时，不仅必须正确评价法律规范的意义，而且必须评价生活事实的意义，即刑事法官必须在法律规范所涵盖的类型中把握生活事实。

第二章　量刑方法类型化的理论探析

类型化是人们认识社会、解决问题的一种思维方法，面对纷繁复杂的社会生活现象，需要我们归纳、总结并形成类型，以便人们认识、理解、操作和运用，量刑方法类型化就是要为量刑公正寻求科学合理的路径。

第一节　量刑方法类型化的沿革

一　英美法系主要国家量刑方法类型化考察

为了适应各种复杂案件，避免不同法官量刑轻重过于悬殊，英美法系国家在 20 世纪 70 年代就开始了量刑改革，在量刑方法上主张实施统一的量刑标准。当然，这些英美法系国家中各自形成的量刑指南并不相同，具有代表性的有：美国的数量化量刑指南、英国的论理式量刑指南等。

在美国、英国制定量刑指南后，其他国家也都先后建立了司法判决委员会、量刑委员会等量刑协调组织，以解决量刑规范问题。例如，澳大利亚是由量刑委员会统一进行量刑指导，但量刑委员会并不直接要求法官按照刚性的量刑标准判决，也不以理论的形式要求法官遵守量刑指南，而是给法官提供大量过去的个案信息。这个信息系统并不直接对法官提供其拟判决的结果，而是提供类似案件中有关最高和最低量刑规定，将量刑的决定权交给法官，其目的是让法官从保证量刑值以下的角度考虑，尽量选择该数据库所提供的一个平均值。[①]

① 参见叶向阳：《试论审判长联席会议制度的运行机制及功能实现》，《法律适用》2008 年第 7 期。

1. 美国量刑方法类型化考察

美国是最早实施量刑指南制度的国家。19 世纪 70 年代至 20 世纪 60 年代的 100 年间，美国的刑罚制度受犯罪复归社会的理念所指导，不仅制定法规定的法定刑结构没有绝对和确定的刑罚规格与标准，审判实践中也普遍推行不定期刑制度，由此带来了诸如量刑轻重悬殊、执法不公平、法官滥用自由裁量权等严重的司法问题。于是，从 20 世纪 70 年代开始，为了限制法官的自由裁量权，防止量刑偏差，美国就开始了一系列量刑方法的改革运动，其改革的主要方式是制定量刑指南。

《美国量刑指南》采用的是一种数字式的量刑表格，因此美国的量刑模式是数字化量刑模式。它表现出简洁明了、容易操作的特点，实践证明这是一种控制法官自由裁量权的有效方法。量刑指南的目标是建立理性而稳定的量刑标准，以减少量刑的差异性，并确保重罪判决的刑罚与判决所确定罪行的严重性及犯罪人的犯罪前科相适应。同时，量刑的平等性要求，与相关量刑标准相应的重罪犯应受到量刑标准上相应的惩罚，而与相关量刑标准上的典型案例在实质上不同的重罪犯应受到不同的刑罚。

1977 年，美国的加利福尼亚州制定了《统一确定量刑法》。明尼苏达州、华盛顿州和宾夕法尼亚州也相继制定了《量刑指南》，并建立了量刑委员会等专门机构指导量刑工作。1984 年，美国国会通过了《量刑改革法》，并授权成立美国量刑委员会（United States Sentencing Commission）制定《美国量刑指南》，该指南适用于联邦范围内的所有犯罪。其要求达到以下标准：第一，公正透明；第二，有限的自由裁量，以便减少相似犯罪中量刑的不同；第三，确保对不同的犯罪给予不同的惩罚。

1987 年 11 月 1 日，《美国量刑指南》正式生效，这是独具特色的一部量刑指南法。该指南对可能出现的各种犯罪情况进行了具体描述，同时对刑罚作出细致的划分，并要求刑事法官严格遵守。该指南把所有犯罪划分为 43 个等级并规定相应的刑罚，以指导法官适用统一的标准判刑。每罪规定一个基本级，然后依据各种情节予以加减级数，即法官必须首先考虑每个特定罪行基本的犯罪级别，再根据犯罪人有无加重、减轻情节上调或下调犯罪级别，[①] 最终决定一个犯罪级别。例如，一级谋杀罪的基本级

① 参见吕慧子：《论“量刑规范化”》，硕士学位论文，大连海事大学，2011 年，第 46 页。

是43级，如果具备明文列出的某一或某些从轻情节，最低可减至33级。每一罪级所对应的法定刑，其幅度的最大值不能超过最小值的25%。如有期徒刑下限为6年，上限就是8年。该指南要求法官必须按照统一的标准判刑，如果法官认为某一罪行需要加重或减轻处罚，必须书面报告其理由，以避免各级法院对同一罪行予以不同的处罚。

2. 英国量刑方法类型化考察

英国量刑指南制度始于20世纪80年代。在英国《1998年犯罪与妨害秩序法》实施之前，英国刑事上诉法院在处理对量刑不服的上诉案件时，制定了一些罪名的量刑指南，以帮助法官处理类似案件。为了进一步确保量刑的一致性，减少量刑偏差，1999年英国议会设立了量刑咨询委员会（Sentencing Advisory Panel），并在2002年设立了量刑指南委员会（Sentencing Guidelines Council），负责制定所有的量刑指南。①

2004年1月1日，《治安法院量刑指南》生效。2004年12月，英国量刑指南委员会公布了3个量刑指南标准：一是《总的原则：犯罪严重性程度》，其主要确立了犯罪的严重程度依赖于行为人的主观罪过和客观危害或者危险来评价的原则。二是《2003年刑事审判法新刑罚的适用》，对适用英国《2003年刑事审判法》中设立的新刑罚作出了规定。三是《认罪的量刑减让》，其对有关被告人认罪的量刑进行减刑作出了一些原则性的规定：被告人在第一个阶段认罪的，可以减刑1/3；在开庭审理前认罪的，可以减刑1/4；被告人在审理案件后认罪的，可以减刑1/10。② 英国量刑指南之所以这样规定，一方面是对被告人形成积极认罪的激励，另一方面是便于法官更好地适用量刑规则。上述量刑指南是对量刑的总体规定，除此之外，英国还规定了具体罪名的指南，如激愤杀人罪、抢劫罪、家庭暴力罪、性犯罪、违反保护裁定罪等。这些量刑指南是英国量刑委员会制定的，不仅有量刑的方法，还有量刑程序，内容主要是论述量刑的适用原理和法官应该注意的问题。不同于美国的量刑指南模式，英国的量刑指南模式可以称为论理式量刑模式。

近些年来，英国已经或即将生效的量刑指南总数达到23个。这些量刑指南分别是：《量刑基本原则：犯罪严重性》《关于家庭暴力犯罪的量

---

① 参见杨志斌：《英美法系国家量刑指南制度的比较研究》，《河北法学》2006年第8期。
② 同上。

刑指南》《关于未成年人犯罪的量刑指南》《谋杀罪的量刑指南》《违反禁止令的量刑指南》《违反〈反社会行为法〉的量刑指南》《驾驶致人死亡罪的量刑指南》《入室盗窃罪的量刑指南》《共同实施杀人、危害人体健康和安全罪的量刑指南》《毒品犯罪的量刑指南》《违反保释令的量刑指南》《治安法院量刑指南》《新量刑原则——2003年刑事司法法》《因受刺激而实施杀人罪的指南》《纳入考量的犯罪与并罚的指南》《量刑基本原则——袭击和残忍对待儿童犯罪的量刑指南》《抢劫罪的量刑指南》《关于认罪的量刑减让》《欺诈罪的量刑指南》《性犯罪的量刑指南》《在建筑物（非住所）内盗窃及入室盗窃罪的量刑指南》《危险动物（狗）犯罪的量刑指南》等。[①] 从形式上看，这些指南没有采取法典的形式，而是采取一个重点问题制定一个指南的单行本模式。量刑指南的主要内容是以论理叙述方式，重点论证量刑的具体适用原则和规范法官的量刑方法，并明确法官在量刑时应该注意的事项。例如，《量刑基本原则：犯罪严重性》中要求法官在量刑时必须从犯罪的严重性着手，量刑结果应当与犯罪的严重程度相适应，明确了犯罪的严重性程度主要取决于两个因素，即行为人的主观罪过和犯罪行为的危害性或者危险性，并详细列举了各种从重或者从轻量刑的因素；《认罪的量刑减让》中确立了被告人认罪案件的量刑原则和方法，明确规定被告人在不同时机认罪会带来不同的量刑减让，如在较早时期认罪，量刑可以减让1/3，在案件开始审理后才认罪责则只能减让1/10；《关于家庭暴力犯罪的量刑指南》中在明确“家庭暴力犯罪的严重性并不低于非家庭暴力犯罪”之后，详细列举了此类犯罪的从重处罚（如当着孩子的面实施家庭暴力、被害人被迫离开家）和从轻处罚（如被激怒等）因素，并指出其他应当注意的事项（如要考虑被害人的愿望以及量刑的效果等）。此外，在关于具体罪名的量刑指南中，分别列举了评估犯罪严重程度（根据行为人的主观恶性与行为的危害性或危险性具体分为3个级别）时要考虑的因素，明确不同严重程度的犯罪情形所适用的量刑起点和量刑幅度，并规定了法官量刑时要遵循的步骤，即首先确定量刑起点和量刑幅度，然后考虑从重、从轻处罚的因素对量刑的影响，之后再考虑认罪的量刑减让因素以及其他应当注意的因素，最后在判决中说明量刑理由和量刑的预期效果。

① 参见李玉萍：《英国量刑委员会和量刑指南》，《人民法院报》2012年8月17日第6版。

关于英国量刑指南在司法实践中的运行情况，2005 年 4 月 15 日，量刑指南委员会第二次会议指出："量刑指南体系成功的减少了量刑不均衡现象，并且得到法官的支持。"当然，对英国量刑指南的质疑也一直没有停止过，例如，2009 年 3 月 26 日，652 名来自英格兰和威尔士的法官反对要求法官遵守刚性的量刑指南提案。①

3. 新西兰量刑方法类型化考察

新西兰根据《2007 年量刑委员会法》建立了量刑委员会，量刑委员会由 5 名法官和 5 名书记处的非法官组成。其主席由投票决定的法官担任。该量刑委员会从英国量刑委员会那里借鉴许多司法经验，制定出自己的量刑指南，该量刑指南的主要内容是：对于一些严重的犯罪行为制定出一些处罚标准，让法官参照执行。虽然该量刑指南是建议性的，但要求法官在没有其他充足理由的情况下，应遵照执行。

二 大陆法系主要国家量刑方法类型化考察

1. 德国量刑方法类型化考察

在中世纪的德国，只要在法律的管辖之内，都为确定的刑罚。直到晚期，任意处罚的范围才不断扩大。当时，由于在量刑时没有明确的法律规定，又没有关于量刑的处刑原则，司法陷于极度的专断中。到 19 世纪，立法才确定了刑罚的相关制度，规定了刑罚的最高限度和最低限度。

在德国刑法总则中，统一规定了减轻处罚的幅度，以保障和实现量刑的公正。法官在审理案件时，首先要了解该案件所具有的从轻、从重、减轻、加重等各种法定情节和酌定情节，然后选定与该案件所对应的法定刑，法官在综合考虑全案案情之后，作出一个处断刑，处断刑都有一个量刑幅度，刑事主审法官一般都在处断刑的量刑幅度内作出具体量刑，从而根据具体案情最终作出宣告刑。也就是说，刑事主审法官的量刑过程是动态的，即首先是法定刑，其次是处断刑，最后是宣告刑。②

在《德国刑法典》中，除了第 54 条规定了并合罪（即数罪并罚）需

---

① 参见赵秉志：《英美刑法学》，科学出版社 2010 年版，第 257 页。

② 参见《论处断刑在德国量刑实践中的调节作用》，http：//www. bloglegal. com/blog/cgi/shownews. jspid = 2550041934，2013 年 1 月 13 日。

要修正法定刑外，其他条文只规定了减轻处罚所需要修正法定刑的幅度，而没有规定加重处罚。① 但在刑法分则中，对于需要加重或者减轻处罚的，则规定了独立的、明确的法定刑，因此，主审法官如果遇到需要加重或者减轻的刑罚的情况，就直接引用刑法分则，而不再需要引用刑法总则中关于处断刑的规定。如果法官遇到了刑法分则没有规定，② 但刑法总则对需要减轻的情况有所规定的情形，则应该按照刑法总则有关减轻处罚的规定，先修正法定刑，以形成处断刑，然后在处断刑的幅度内选择适当的宣告刑。德国刑法总则在减轻幅度的规定上采用了数额制与比例制相结合的立法模式。例如，《德国刑法典》第49条第1款规定，有下列情形之一的，从轻处罚：终身自由刑，应不低于3年；有期自由刑，最多判处所威吓的最高限度的3/4；金钱刑，同样适用于对日额的最高数量。自由刑被提高的最低限度为10年或者5年的情形中降低至2年，在最低限度为3年或者2年的情形中降低至6个月，在最低限度为1年的情形中降低至3个月，在其他情形中降低至法律的最低限度。③

在德国的刑法分则中，对于刑事被告人的法定刑配置较为单一，大多数刑事被告人犯罪之后很少存在两个或者两个以上的量刑幅度，也很少配置两种以上不同刑种的选择。因此，刑事法官在决定宣告刑时，一般只能通过总则关于减轻处罚的幅度来调整法定刑，从而形成多个量刑幅度，法官选择适当的处断刑，经过修正之后所形成的处断刑之间就呈现出一种相互交叉的量刑幅度，法官可以在处断刑幅度内选择适当的宣告刑。④

在德国的刑法总则中，对于累犯没有加重处罚的规定，但有减轻处罚的规定。对于需要加重处罚的被告人，法官可以根据刑法分则的规定进行处罚，⑤ 除非刑法有特别规定需加重处罚，否则，某个被告人的法定最高刑就是该被告人所能适用的最重刑罚。对于需要减轻处罚的被告人，则必

---

① 参见《论处断刑在德国量刑实践中的调节作用》，http：//www. bloglegal. com/blog/cgi/shownews. jspid = 2550041934，2013年1月13日。

② 参见吴情树：《论处断刑的立法模式》，http：//zhouqun. yadian. cc/paper/79638/，2013年1月13日。

③ 参见《论处断刑在德国量刑实践中的调节作用》，http：//www. bloglegal. com/blog/cgi/shownews. jspid = 2550041934，2013年1月13日。

④ 参见吴情树：《论处断刑的立法模式》，http：//zhouqun. yadian. cc/paper/79638/，2013年1月13日。

⑤ 参见《论处断刑在德国量刑实践中的调节作用》，http：//www. bloglegal. com/blog/cgi/shownews. jspid = 2550041934，2013年1月13日。

须严格按照刑法总则有关减轻处罚的规定进行处罚。法官应先对法定刑进行修正，形成一个可供选择的量刑幅度。在经过修正之后的处断刑与原有的法定刑之间会出现一个相互交叉的关系，立法者通过处断刑来控制法官自由裁量权的同时，也因为量刑幅度之间存在着交叉关系而为“法官扩大了自由裁量权”，这种交叉关系的量刑幅度可以在相互交叉的法定刑的范围内选择宣告刑，从而使案件的量刑达到公正。[①]

2. 日本量刑方法类型化考察

在日本，现行刑法仍是1907年颁布的刑法典，尽管已修改多次，其法典中只有关于从法定刑引出处断刑的规定，如关于累犯、并合罪、自首、未遂等因法定刑的加重或减轻而制定处断刑的方法，并无关于刑罚量定的一般规定。因此，在量刑实践中，他们通常援引检察官作出的关于“暂缓起诉”的决定时的规定作为参照，并由学说和裁判实践加以充实。

日本法学界一般认为，面对个罪的法定刑，法官在量刑时的自由裁量权过大，不可避免地会使量刑失衡并容易产生腐败，规范量刑的较好办法是需要将量刑范围内确定一个量刑起点，以方便体现各种量刑因素对量刑的影响。这是日本法学界在理论上确立量刑基准的动因，但在日本现行刑法典中并没有关于量刑基准的规定。在日本刑法的修改工作中，关于量刑基准的立法化，从1931年的刑法修改草案提出以来，就是悬而未决的课题。1974年刑法修改草案第48条确立了关于刑罚适用的一般基准，其中第3项规定，刑罚必须对应于犯人的责任加以量定，并明确表示将犯人的责任作为量刑基准给予足够的重视，强调法官在量刑时对被告人的犯罪动机、方法等因素要给予考虑；同时，在量刑时必须以有利于威慑犯罪和预防犯罪为目的。这项规定是在适用刑罚时应当考虑的量刑基础。[②]

三　我国量刑方法类型化考察

在我国，刑罚的均衡问题是近些年社会关注的热点。不同的犯罪行为

① 参见李洁：《罪与刑立法规定模式》，北京大学出版社2008年版，第147页。

② 参见熊选国：《〈人民法院量刑指导意见〉与“两高三部”〈关于规范量刑程度若干问题的意见〉理解与适用》，法律出版社2010年版，第54页。

人“同地同案不同判”现象在一定程度上是存在的，因而，社会的关注视角从定罪转向量刑。如何正确实现罪刑相适应和罪刑均衡，在罪刑法定的框架内，做到相同时空内实施相同的犯罪行为在量刑上基本均衡，最高人民法院和地方各级人民法院以及专家学者正在积极探索行之有效的、科学合理的量刑方法，以最大限度地实现量刑公正。

在司法实践中，各级人民法院依法办案，但由于刑法规定的量刑幅度过于宽泛，司法实践中没有统一科学的量刑方法。长期以来，我国的量刑方法一直沿袭的是一种经验作业法——估堆量刑法，即刑事法官先掌握案情，然后在定罪的基础上，在法定刑范围内参照过去司法实践的经验，估量出对被告人应判的刑罚，接着再考虑案件中存在的从重、从轻、减轻和免除处罚等情节，最后综合得出被告人被判处的刑罚。这一量刑方法的优点在于简便易行，能够充分发挥审判人员的主观能动性。然而，其缺点也是显而易见的，这一量刑方法缺乏具体的量化幅度，主要凭借的是法官对法律的理解和过去的办案经验，受到法官的法律意识、理论水平、业务能力与工作经验、个性特点以及外界干涉等各种因素的影响，不可避免地会产生主观随意性和量刑的偶然性，因此，这种量刑方法缺乏客观性、标准性和科学性，必然地导致了量刑的不平衡现象。①

如今，人民群众的法律意识不断强化，司法需求日益提高。首先是对司法公正提出了新要求，不仅关注实体公正，对程序公正的追求也日渐强烈。其次是对司法效果提出了新要求，不仅期待司法公平、公正，还要求解决实际问题；不仅要求依法裁判，还期待案结事了。在刑事审判领域推行量刑规范化，不仅是建立规范司法行为机制的有机组成部分，也是推动建立公正、高效、权威的社会主义司法制度的有效途径。通过公开、透明、合理、科学的量刑方法，让人民群众切实感受人民法院量刑公正，让正义能及时地被社会感知。通过对量刑情节认定的规范，使刑事法官的自由裁量权在一定范围内行使，使人民群众增加了量刑结果的可预知性，不仅有利于提高量刑结果的社会认同感，也有利于预防犯罪。②

我国法学界开始研究科学合理的量刑方法的时间较晚，起于20世纪80年代中期。大体可划分为两个阶段。

---

① 参见高格：《论量刑的一般原则与量刑方法》，《法学研究》1988年第6期。

② 参见吕慧子：《论“量刑规范化”》，硕士学位论文，大连海事大学，2011年，第32~45页。

1. 从起步到初步发展（1987—1997 年）

从 1987 年作者高冬竹的《论数量化的量刑方法》的论文问世到 1997 年的刑法修订，可以说是量刑方法研究从起步到初步发展的阶段。这一时期，我国专门研究量刑方法的论文和著作较少，除前所述《论数量化的量刑方法》是我国第一篇专门研究量刑方法的文章外，比较有代表性的论著主要有：1988 年史建三的硕士学位论文《量刑公正合理应用论》；1989 年苏惠渔等著的《量刑与电脑——量刑公正合理应用论》（百家出版社出版）；1991 年苏惠渔等著的《量刑方法研究专论》（复旦大学出版社出版）；1991 年段立文、陈殿福著的《近年来标准化量刑研究概览》（载《政法论坛》1991 年第 5 期）；1993 年赵廷光著的《电脑辅助量刑系统的一般原理》（载《中国法学》1993 年第 5 期）；1995 年张赞华著的《量刑的数学方法初探》（载《江西社会科学》1995 年第 5 期）；1997 年莫开勤著的《量刑方法改革初探》（载《法学家》1997 年第 6 期）；等等。此外，还有一些研究量刑或刑罚的专题性著作中也以相当的篇幅对量刑方法进行了论述，如喻伟主编的《刑罚通论》（武汉大学出版社 1993 年版），樊凤林主编的《刑罚通论》（中国政法大学出版社 1994 年版），高格著的《定罪量刑的理论与实践》（吉林人民出版社 1994 年版），马克昌主编的《刑罚通论》（武汉大学出版 1995 年版）等。①

可以说，这一时期对量刑方法的研究还非常有限，尚未对量刑方法进行全面系统的研究，特别是 20 世纪 80 年代，相关的研究成果很少，大多是一些短篇论文。直到 20 世纪 90 年代初期，量刑方法的研究才逐渐引起理论界和司法实务界的关注，刑法学界出现了研究量刑方法的专题著作，如苏惠渔等编著的《量刑方法研究专论》等。这虽然为以后对量刑方法的研究打下了理论基础，但在量刑方法问题的研究上仍然没有长足进展，无论在深度上还是在广度上，相关研究成果都有一定的局限性。

2. 从初步发展到逐步繁荣（1997—2011 年）

1997 年新修订的刑法颁布后，量刑方法的研究成果达到了一个新的水平，在这一时期关于量刑方法公开发表的论文有 50 篇左右，如杜宇的

① 参见赵秉志、彭新林编著：《量刑情节与量刑方法专题整理》，中国人民公安大学出版社 2009 年版，第 11 页。

《再论刑法上之“类型化”思维——一种基于“方法论”的扩展性思考》（载《法制与社会发展》2005年第6期），李艳玲的《量刑方法论研究》（中国人民公安大学出版社2007年版）等。从宏观上看，这一时期我国刑法学界对量刑方法的研究，主要有以下几个特点。

第一，研究的方法或角度更加多元化。在研究量刑方法时，除运用数学方法、电脑量刑辅助系统量刑外，有的学者运用决策科学的相关理论探讨量刑的操作原理，提出了运用决策科学原理的量刑方法。① 还有一些研究者运用系统工程中的层次分析法来解决量刑问题，即通过多层次加权分析法，根据各种量刑因素，达到最佳量刑。② 另有学者提出基础刑量刑法，也就是通过现寻找量刑基准点，确定基准刑，然后在已经确定的基础刑之上进行调整，最后得出该具体犯罪应当判处的具体的刑罚。③

第二，不仅量刑方法的研究成果较为丰富，而且研究主题也相对多样。理论研究的深入发展，也推动了实务界对量刑问题的研究和改革。特别是2006年9月，山东淄博市淄博区人民法院研制的电脑量刑系统——“刑法常见百种罪名电脑辅助量刑系统”问世以来，电脑量刑更成为人们关注的焦点之一。在有关报纸上公开发表的量刑方法相关的文章有40余篇，有关刊物上公开发表的文章20余篇。在一定意义上讲，“刑法常见百种罪名电脑辅助量刑系统”通过对数千例刑事案件的量刑事实与情节的归纳，开拓性地将百种罪名的量刑事实与情节进行数字化处理，并利用电脑技术应用于司法实践，较好地解决了不同法院可能出现的量刑不平衡问题。理论界和实务界对量刑方法的开拓研究和积极探索，为法院的量刑规范化改革提供了智力支持，奠定了理论基础。

第二节　量刑方法类型化的原则

量刑方法类型化的原则，是贯穿量刑活动始终，对量刑方法类型化具

---

① 参见马克昌：《刑法通论》，武汉大学出版社1999年版，第301页。

② 参见陈兴良：《刑法哲学》，中国政法大学出版社2004年版，第664页。

③ 参见臧冬斌：《量刑的合理性与量刑方法的科学性》，中国人民公安大学出版社2008年版，第189页。

有指导和制约作用的基本准则；同时，也是量刑理论研究中应该遵循的指导原则。量刑方法类型化原则是量刑方法规则体系的重要基础，对引导和规范法官的自由裁量权，确保量刑公正的实现以及刑罚目的的完成具有重要意义。量刑方法类型化原则是量刑实践活动中应遵循的准则，我国刑法对量刑方法类型化原则没有作出专门规定，但根据实践经验来看，量刑方法类型化原则是指人民法院依据刑法的规定，制定出科学合理的量刑方法，决定对犯罪分子处罚轻重的指导思想和准则。[①] 量刑方法类型化原则主要包括合法性原则、罪刑均衡原则、普遍公正与个案公正相协调原则。

一　合法性原则

人民法院无论选定何种量刑方法都必须依据刑法的有关规定，量刑方法类型化以刑法为准绳，主要是遵守刑法以下有关规定：刑法总则中关于刑罚原则、制度、方法及其适用条件的一般规定，如对预备犯、未遂犯、中止犯、未成年犯罪人，共同犯罪中的主犯、从犯、教唆犯、胁从犯的处罚原则；有关自首、立功、累犯、缓刑、数罪并罚等制度；有关从重、从轻、减轻以及免除刑事处罚的规定；刑法分则中有关各种具体犯罪的法定刑及其量刑幅度的具体规定；在量刑时不得超越法定的刑种和量刑幅度，而应当在法定刑范围内裁量刑罚。

对合法性原则的理解包括两个层面，即合乎刑事法律规范性的要求与合乎刑事法律核心价值理念、基本原则及根本目的的要求。对前者的维护是形式法治的典型体现，法律被视为一种严格的治世工具，在追求形式上“绝对平等”的口号下，个案的公正经常被有意地抑制或忽略，结果是在实质层面动摇了法治的权威，人民对法治敬而远之。对核心价值理念、基本原则及根本目的的不懈追求是实质法治的典型特征，它直接牵涉到法治的权威，尤其是对一个正处于转型时期、法制尚不完善的社会而言。但是，肆意超越刑事法律具体规范的约束去实现司法者自认的个案“正义”，必然会动摇法治的根基。因此，合法性原则是量刑方法类型化形式与目的的统一，是手段与价值的统一，但上述两个层面在适用上是有先后

① 参见《量刑处罚原则包括几项》，http：//www.lawtime.cn/info/xingfa/xingfapanfayuanze/20101029/75696.html，2012年12月8日。

顺序的，一般情况下，量刑方法类型化的适用应当有刑事法律上的明确规定，且不得超出法定的种类和幅度范围。

量刑方法类型化应建立在正当程序和广泛的个案公正的基础之上，前者是对刑事法治实践规律的总结和概括，旨在限制个案公正下的司法者自由裁量权的扩张；后者是对实践主体理性能力的反思，旨在通过自由裁量权的正当行使挖掘隐藏于法条背后并对法条适用具有最终指导意义的东西，以此弥补立法者理性的不足。而后者对法治的权威的影响是根本性的，因为任何立法者都不能指望有可能会或已经伤害他人正当诉愿的法律得到他人完全的信任和绝对的遵守，即便是经由普遍认为是正当程序下产生的法律。因此，人民法院在决定被告人刑罚的轻重时，应当依法独立量刑。但是在审判实践中，人民法院在量刑过程中很容易受到其他外界因素的影响，尤其是有些案件通过报纸、网络的炒作，在社会上造成了不良影响，并对法官依法量刑产生一些压力。因此，无论在什么样的环境下，必须坚持依法量刑。同时，人民法院在坚持依法量刑的前提下，应当兼顾量刑的法律效果和社会效果。

二　量刑均衡原则

量刑均衡原则是指，对于案情相似的案件，对刑事被告人判处的刑罚应当基本均衡。量刑均衡是实现社会公平正义的需要，是树立司法权威的需要。由于我国刑法规定的法定刑幅度过于宽泛，对于各种量刑情节没有规定具体的调节幅度，长期使用估堆式的量刑方法，造成不同法官之间，不同法院之间，不同地区之间的量刑出入很大，在一定程度上造成我国审判实践中量刑的畸轻畸重。量刑方法类型化的目的就是从制度上确保不同的法院对案件事实基本相同的被告人，作出的量刑结果保持基本均衡。①

在现代司法过程中，公正是司法人员追求的最基本的价值目标。根据《量刑指导意见》确定的量刑指导原则，量刑均衡是法官对相同的案件应当作相同的处理。但是，刑法在被平等实施的同时还可能包含着非正义的因素，即对相同的案件作出相同处理并不足以保证实质正义的实现。因为在

---

① 参见熊选国：《〈人民法院量刑指导意见〉与“两高三部”〈关于规范量刑程序若干问题的意见〉理解与适用》，法律出版社2010年版，第48页。

同一时空条件下，性质相同、情节相当的犯罪行为人的社会危害性和人身危险性可能有所不同。因此，虽然量刑规范化以实现量刑均衡为重要目标，但量刑规范化并不等于量刑统一化，也不是要绝对消除同案异判和同罪异罚。相同的案件适用相同的法律只是表明这些案件的量刑基准相同，而不意味着它们的量刑结论也必须完全相同。量刑方法类型化原则不仅要体现一般威慑还要体现特别威慑。当刑罚强调一般威慑时，刑罚必须体现罪刑相当性、刑罚均衡性；而当刑罚强调特别威慑时，法官根据被告人的具体情况决定刑罚。量刑必须注重法律效果，但由于量刑的终极目的是维护社会利益，促进社会的和谐发展。因此，量刑的合理性更多地取决于量刑结论能否被社会所接受，即量刑的社会效果如何。可以说，刑法和"两个文件"只是量刑的一个依据，而另一个依据则是刑事司法的目的。法官的目光只有在刑法文本与刑法目的之间不断地往返，才能准确定罪、科学量刑。

三　普遍公正与个案公正相协调原则

我国刑法根据社会危害性的不同，规定了不同的法定刑，还规定了累犯、再犯、自首、立功等反映人身危险性的情节及其处罚原则，此外，还规定了缓刑、死缓、假释、减刑等制度，为刑罚个别化原则的贯彻创造了良好条件。

一般而言，现实生活中发生的案情比立法者预设的情况要复杂得多。而案情的多样性与刑法、司法解释及"两个文件"之间的矛盾较为突出，有些量刑情节在案件发生之前是不可预料的，有些酌定量刑情节事实上也不可能加以量化，量刑要想做到绝对的公平是难以实现的。因此，量刑方法类型化能使法官在量刑时既能考虑量刑的整体公正，又能考虑个案的特殊性，并针对个案的具体情况作具体的分析，从而使量刑活动成为能动的、个别化的活动，使个体化的量刑结果最终被认可，以缓和普遍公正与个案公正、稳定的法律与变动的事实之间的紧张关系。[①]

从司法实践看，有些案件即使是根据法律的规定进行公正量刑，也可能招致当事人的申诉、上访，甚至有些具有重大社会影响的案件在宣判后

---

① 参见田鹏辉：《量刑技术探究》，《法商研究》2011 年第 6 期。

人们仍对其争论不休，“天价过路费案”就是如此。[1] 案件办结却未能事了，甚至引起社会的强烈反响，其实都是量刑的社会效果不佳的现实表现。这充分说明，基于法律、事实、结论三段论式的量刑过程有时不一定产生适当的量刑结论。在坚持罪刑法定原则的前提下，在自由裁量的空间内，必须关注诸如政策、民意等因素，这些因素将会为规范量刑提供具体的指导性或参照性标准。[2]

对这一原则的具体适用，可以用这样的公式作指导：“个案量刑结果 = 个案社会危害性情节的量刑结果 +（或 -）个案人身危险性情节的量刑结果。根据罪刑相适应与刑罚个别化相结合的原则，可将个案社会危害性的量刑结果称之为基础刑，将个案人身危险性的量刑结果称之为浮动刑，将个案量刑的总的结果称之为准宣告刑，据此得出的公式为：准宣告刑 = 基础刑 + 浮动刑。宣告刑 = 准宣告刑 + 刑事政策 + 民意 + 当地的治安状况，这种计算方法与法官的一般量刑思维暗中契合。也就是说，首先依据刑事被告人的社会危害性的情节得出犯罪人本应得到的处罚，即基础刑，它是由各种不同的社会危害性情节 +（或 -）得出的。”[3] 比如，张三犯盗窃罪，在盗窃过程中是否有中止、未遂等社会危害性的情节，根据这些情节，然后对其相加或相减得出张三的基础刑；再看张三是否有自首情节、是否为累犯等社会危险性情节得出浮动刑；两者相加即得出准宣告刑；然后，再综合考虑当时的刑事政策、民意以及当地的治安状况，得出宣告刑。该原则简单、易操作，符合我国法院审判实际的原则，符合刑法的精神，有利于实现公平正义，同时又保证了法官的自由裁量权。

---

① 关于本案情况，参见李记：《人们为何对偷逃过路费者充满同情》，《华商晨报》2011 年 1 月 12 日。

② 参见田鹏辉：《量刑技术探究》，《法商研究》2011 年第 6 期。

③ 田鹏辉：《量刑技术探究》，《法商研究》2011 年第 6 期。

第三章　我国量刑方法类型化的现状

进入21世纪以来，我国国情发生了很大的变化，经济社会快速发展，法治进程不断推进，人民群众的法治意识日益增强，对刑事司法公正的要求越来越高，不仅要求定罪准确、量刑公正，还要求公开、透明。与日益高涨的量刑规范化呼声相对应的是，理论界和实务界对量刑改革问题也在进行着积极地探索和研究。

第一节　量刑方法类型化的表现

在我国传统的量刑方法中，司法机关主要适用的是估堆量刑法。在这种量刑思维过程中，刑事法官在给个案量刑时，首先根据个案的犯罪事实在相应的量刑幅度内拟判处一个刑罚，并将这个拟判处刑罚作为一个量刑的参照点，事实上，它就是我们目前所说的基准刑；然后，运用各种量刑情节对这个拟判处刑罚进行调节，从而得出宣告刑。这种传统的量刑方法实际上分为两步，先确定基准刑，后确定宣告刑。最高人民法院出台的《量刑指导意见》实际上是对上述传统量刑方法的改良。《量刑指导意见》把量刑方法分为两个层级，一是根据犯罪行为的社会危害性在相应的量刑幅度内确定基准刑；二是根据刑事犯罪人的人身危险性和主观恶性等量刑情节对基准刑进行调节，在此基础上确定宣告刑。同时，对确定基准刑的方法分为三个层级，一是根据犯罪构成事实确定量刑起点，如果没有其他从轻、从重或减轻、加重等情节，该量刑起点就是基准刑；二是根据反映社会危害程度的犯罪数额、犯罪次数、犯罪后果等因素增减基准刑；三是根据从犯、未遂等情节，增减基准刑。

一　量刑方法类型化的司法确认

自1987年以来，一些学者就开始尝试研究量刑方法，但都较为零散，不够系统。2005年，最高人民法院开始对量刑规范化进行调研论证，而后，量刑规范化改革被纳入中央司法改革部署和人民法院“三五”改革纲要。2008年7月，最高人民法院确定4个中级人民法院和8个基层人民法院为量刑规范化试点单位，试行最高人民法院制定的《量刑指导意见》和《量刑程序指导意见》两个文件。2009年6月1日起，最高人民法院在全国指定120多家法院开展量刑规范化试点工作。从2010年10月1日起，《量刑指导意见》和《量刑程序指导意见》在全国法院全面试行，传统的估堆量刑法从此结束。《量刑指导意见》规定，对一些现实生活中经常发生的15个罪名进行了规范，如盗窃罪，故意伤害罪，强奸罪，诈骗罪，妨害公务罪，交通肇事罪，聚众斗殴罪，抢夺罪，抢劫罪，敲诈勒索罪，寻衅滋事罪，掩饰、隐瞒犯罪所得、犯罪所得收益罪，非法拘禁罪，职务侵占罪，走私、贩卖、运输、制造毒品罪等。最高人民法院第一次通过规范性文件的形式明确了量刑步骤，确立了“三步式”的量刑方法，弥补了我国量刑方法的缺陷，是量刑方法改革的一大亮点。①

试行前后相比，量刑基本平衡。从现有统计数据分析，15种试点罪名中，大多数罪名试行前后的量刑基本保持平衡，变化不大。少数罪名，如盗窃罪，试行后较试行前量刑偏轻。还有少数罪名在各地的数据反映不一，如故意伤害罪与走私、贩卖、运输、制造毒品罪，有的法院反映偏轻，有的法院认为基本平衡，还有的法院认为偏重。总体来说，量刑结果更加均衡、公正，试点案件出现抗诉、上诉、被改判或发回重审的情况不多。量刑情节的发现更加全面，评价更加充分、恰当。《量刑指导意见》在总结传统量刑经验的基础上规范了量刑步骤和常见量刑情节，在庭审中突出强调了量刑事实的证明，从而促使法官更加全面地发现量刑事实，更加充分、恰当地评价量刑情节。随着试点工作的深入开展，量刑情节的评价越来越向精细化方向发展。比如过去对抢劫罪预备犯的量刑，有的法官

---

① 参见熊选国：《〈人民法院量刑指导意见〉与“两高三部”〈关于规范量刑程序若干问题的意见〉理解与适用》，法律出版社2010年版，第62页。

判处有期徒刑1年或1年6个月，有的法官判处拘役或6个月有期徒刑，差别很大。面对这种量刑的不均衡，最高法院根据《量刑指导意见》对抢劫罪预备犯的具体情况，比如是否持刀抢劫、持刀的数量、是否为管制刀具等等都进行了非常精细的规范，这对于实现量刑均衡、公正起到了很好地指导作用。同时，有些法院的陪审员在合议时也能够依照《量刑指导意见》提出明确的量刑建议，改变了“陪而不审”的局面。特别需要强调的是，《量刑指导意见》也有利于对年轻法官的培养。以往一名年轻法官熟练掌握量刑方法往往需要3年以上的时间，现在不到2年时间，他们的量刑结果就能做到比较规范。可以说，《量刑指导意见》让传统量刑经验得以理论升华的同时，也更能有效地解决诸多审判实践中的问题。

量刑事实的证明更为科学，评价方法更为合理。有些法院在量刑事实的证明过程中，证据规范与情节证明方式开始结合在一起，定罪证据与量刑证据、罪轻证据与罪重证据开始区分，自由证明、严格证明的不同证明方式开始运用。量刑事实证明成为庭审重点，定罪事实与量刑事实的证明因而更加科学合理，控辩双方的证明职责更加明确。同时，也成功地发现了犯罪构成剩余事实与基准刑、量刑情节之间的关系：量刑起点的依据就是定罪事实，也就是基本犯罪构成事实；基准刑的依据就是犯罪构成事实，也就是在量刑起点的基础上，还要考虑犯罪构成剩余事实。这就合理地确定了量刑事实评价的基本步骤，并对量刑重复评价问题有了更为深刻的认识。

突出对被告人权利的保护，彰显诉讼民主。在简易程序和被告人认罪程序中，有些法院为一些没有能力聘请辩护人的被告人指定了辩护人，要求公诉人在起诉书中尽可能表明各种量刑事实和情节，引导辩护人在庭审过程中重点就量刑情节提出辩护意见，从而改变了以往指定辩护走过场的局面，实现了辩护的实质化。在无罪辩护案件中，引导辩护人在定罪程序结束后，在量刑事实调查和辩护过程中充分发表意见，改变了以往做无罪辩护的辩护人难以有效参与量刑辩护的尴尬局面，受到被告人及辩护人的广泛欢迎。也正是基于此点改革成效，有些法院成功地发现了在简易程序、被告人认罪程序中强调对量刑事实证明的重要性和定罪、量刑相对分离的可行性，合理建构了灵活的庭审程序，从而对量刑公正起到了更为积极的作用。

二　量刑方法类型化的司法效果

《量刑指导意见》试行以来，取得了一定的成果，也存在着一定的问题。

1. 取得的成果

通过对量刑规范化工作试行以来，涉及量刑规范化的15种犯罪类型的部分案件进行分析，发现罪名相同、量刑情节相似且宣告刑相近的案件比率比以往大幅度提高。在裁判尺度得到统一的前提下，法院量刑行为得到进一步规范，社会反映良好。最高人民法院《量刑指导意见》及其实施细则中关于退赃退赔作为量刑从轻情节的规定，促进了刑事和解工作的开展，上诉率、上访率、申诉率有所下降，退赔退赃率、调解撤诉率、服判息诉率有所上升，通过定性和定量分析相结合的方法评价犯罪行为与量刑情节，将量刑纳入庭审程序增强了公开性和透明性。各地法院还针对案件的繁简程度和适用程序的不同，确定庭审重点，研究量刑规范化庭审操作规程，使得判处非监禁刑案件同比明显上升，当庭宣判率提高幅度较大，基本上很少有发回和改判的案件，比以往案件的审判质量明显提高，量刑更加公正、均衡。[①]《量刑指导意见》统一了量刑方法、步骤和量刑情节的适用标准，取得了较好的法律效果和社会效果。下面是在全国各级人民法院在试点过程中具有代表性的试行效果情况表。

表1　　《量刑指导意见》试行效果情况表

试行法院	试行效果
东部甲省高院	2010年10月至2011年1月采用量刑方法类型化对《量刑指导意见》进行试行，全省法院共适用量刑规范化相关规定审结刑事案件呈上升趋势，使得科学量刑的能力得到了进一步提高；服判息诉的效果进一步突显；案件的上诉、抗诉率均有下降。例如，某市两级法院适用规范化量刑方法审结刑事案件上诉率为3.85%；某中院在2010年10月至12月间审结的15种试行罪名二审案件发回重审与改判比率为10.53%，与试点前同期相比（2007年10—12月）的13.95%相比，出现明显下降

① 参见李晓群：《量刑改革“第一庭”开审》，《安徽日报》2010年10月9日第5版。

续表 1

试行法院	试行效果
东部乙省高院	试行之初，A 区法院还专门成立了课题组对每一个罪名逐一示范量刑，B 区院采取集体研究的方式进行量刑，力求在最短的时间内统一量刑步骤和方法，明确量刑标准。2010 年 10 月至 2011 年 1 月底，东部乙省高院除最高法院规定的 15 个罪名外，某市中级人民法院还对贪污、受贿、挪用公款 3 个罪名进行试行
东部丙省高院	自 2010 年 10 月至 2011 年 1 月，全省法院取得的效果是上诉率和抗诉率案件同比大幅度下降，目前还没有出现因量刑问题而上诉、上访，增强了当事人的认同感，取得了较好的法律效果和社会效果
东部丁省高院	2010 年 10 月至 2011 年 1 月，丁省高院刑事案件上诉率从试点前的 6.9% 下降至 4.9%，A 市两级法院上诉率下降了 32.5%，刑事案件上诉后撤回的案件占总上诉数的 76%；二审改判和发回重审的比率在 2% 以下
东部戊省高院	试行前后量刑基本平衡，没有出现大起大落现象。在量刑方法类型化的 15 种罪名中，按照《量刑指导意见》和该院实施细则确定的量刑方法、步骤、情节计算出的宣告刑，与试行前对案件的判决结果基本相当，总体来说，刑期没有出现大起大落现象。这也表明，最高法院《量刑指导意见》及该院实施细则确定的量刑方法、步骤以及确定的量刑起点、基准刑，各情节的调节比例基本符合法院审判实际。据统计，2010 年 10—12 月，某基层人民法院审结刑事案件的上诉率为 8.5%，去年同期上诉率为 10.5%，相比下降了 2 个百分点
东部己省高院	2008 年 8 月至 2010 年 9 月试点期间，15 个试点罪名案件的总体量刑结果与试点之前相比较，实现平稳过渡，审判质量和效率稳中有升。基层法院一审试点案件上诉率为 15.03%（以往同期为 16.56%），二审案件发回重审与改判比率为 10.33%（以往同期为 12.12%），均呈现稳中有降的态势。试点案件中，单纯因量刑问题被二审法院改判的从以往同期的 5.31% 下降至 2.16%，且未发生反应量刑偏轻偏重的申诉、信访现象。与此同时，虽然因规范量刑而导致个案的工作量有所增加，但试点案件的平均审理周期由试点之前的 29 天缩短为 28 天，审判效率未受影响

续表 1

试行法院	试行效果
东部己省高院	2010 年 10 月至 2011 年 6 月，某市两级法院共适用量刑规范化规则审结故意伤害、盗窃、抢劫、交通肇事、毒品犯罪等 15 类常见罪名案件占两级法院同期刑事案件审结总数的 76% 以上。审结案件中占试行案件的 30.66%。通过坚持不懈的努力，该法院量刑规范化改革试行工作在原有的基础上不断推向纵深，取得的成效主要体现在三个方面：据统计，该市中院审理的一审试行案件上诉率为 36.58%（以往试点同期为 41.23%）；基层法院审理的一审试行案件上诉率为 14.78%（以往试点同期为 15.03%）；中院审理的二审试行案件中，发改率为 9.46%，与试点期间的发回重审与改判比率 10.33% 相比较，继续呈低发态势。中院审理的二审案件中，通过量刑规则的解释和说明，被告人自愿撤回上诉的比率也得到明显的提高。究其原因有二：一是侦查机关加强量刑事实的调查取证力度，从程序上减少被告人对量刑公正的质疑。二是通过长时间的试点和论证，几经修订后出台的《量刑指导意见》更加科学合理，兼顾了司法实践中复杂多样的个案情形，有利于确保不同案件之间和同案不同被告人之间的量刑结果公正和均衡，降低出现量刑偏差的可能
西部甲省高院	2010 年 10 月 1 日至 2011 年 1 月 1 日，全省法院一审案件符合量刑方法类型化试行条件的案件占总受理案件的 65.77%。其中，一审判决后未上诉抗诉的案件占 91.92%；上诉的占 7.6%，抗诉的占 0.47%。上诉率、抗诉率以及二审改判率、发回重审率，均呈普遍下降趋势
西部乙省高院	在此之前，即 2007 年 8 月至 2010 年 10 月，该省法院系统 5 个中级人民法院、14 个基层人民法院参与了试点工作，部分中级人民法院辖区内全部参与试点工作。该省法院近 1300 名刑事法官参与了培训。由点及面，重点突出，覆盖全省。2009 年 5 月下旬，省法院对 13 个试点基层法院，以盗窃等 5 种试点罪名，每一个罪名抽取一些典型案例，共抽取 127 件共计 146 名被告人，利用 A 区人民法院的电子表格量刑辅助工具进行实例求证，以上下 6 个月为合理范围，统计显示在 13 个基层法院中基本合理比例接近或到达 80% 的有 8 家，其中 B 区人民法院的合理率达到 100%，这些数据说明最高

续表 1

试行法院	试行效果
西部乙省高院	人民法院的试行文件与最高人民法院的司法实际很相近。这次实例调研为其他试点法院积极开展工作扩大试点效应打下了基础。同时，还对庭审中量刑建议与意见情况建立数据统计，对没有采纳的要找到原因。以 A 区人民法院和 C 区人民法院 2009 年采集的数据为例，A 区法院 1 至 12 月份，全年采纳率为 71%；C 区法院 6 月份至 12 月份，7 个月采纳率 91%。试点法院均无涉诉信访、无发回重审、无单纯因量刑原因提起抗诉；上诉率均比同期数据有所下降。根据数据统计，5 类常见罪名在 13 个基层试点法院，2008 年比重为 70.81% ~85%，半数试点法院的案件比重达到 80% 以上，而新增的 10 种罪名所占比重在部分试点法院中甚至不足 5%，除强奸、非法拘禁、诈骗、抢夺、职务侵占 5 类新增罪名分别占到 1% 左右的份额外，其他个别罪名在试点以前的 3 年和试点以来的近一年中都不曾出现过
西部丙省高院	上诉率试行前为 18.008%，试行后为 15.32%；上访率试行前为 0.29%，试行后为 0.064%；申诉率试行前 0.05%，试行后 0.046%。退赔退赃率试行前为 27.962%，试行后为 37.508%；调解撤诉率试行前为 40.618%，试行后为 43.328%；服判息诉率试行前为 90.81%，试行后为 92.266%
中部甲省高院	2010 年 7 月，在省法院全面推行量刑方法改革半年后，该法院在上半年采纳检察机关量刑建议的比例为 93.32%，试行案件的上诉率为 8.47%，抗诉率为 0.02%，发回重审与改判比率为 0.25%。与未试行前相比，试行案件的上诉率在不同程度上有所下降，通过公开透明的量刑过程，增加了被告人对判决的认同感；试行案件的抗诉率、发回重审与改判比率则趋于零，案件质量切实得到提高。例如，A 区人民法院适用量刑方法类型化方式审结案件，全部实现了“零上诉、零申诉、零抗诉、零信访”。B 区人民法院的刑事附带民事案件的调撤率明显提升，在审结的刑事附带民事诉讼案件中，和解或撤诉案件达 64.9%，调解执行兑现率达 100%；上诉率明显下降，上诉率为 5.23%，与去年同期 11.57% 相比，下降了 6.34 个百分点。据统计，至 2011 年 1 月，最高人民法院指定的 4 个前期试点区法院，共适用量刑方法类型化方法审理案件占总案件数的 60.25%。上诉率为 7.38%；上诉案件发回重审与改判比率为 9.39%，总体发回重审与改判比率为 0.69%；抗诉率仅为 0.08%

续表 1

试行法院	试行效果
中部某乙省高院	2010 年 10 月至 2011 年 1 月，通过试行采用量刑方法类型化，该省院共审结盗窃、故意伤害、抢劫、交通肇事、毒品、强奸、诈骗、抢夺、敲诈勒索、非法拘禁、妨害公务、职务侵占、寻衅滋事、聚众斗殴、隐瞒与掩饰犯罪所得等 15 种案件，分别占同期总结案数的 66.60%。在刑事附带民事案件中，法院依据被告人主动退赃退赔情形，作为相应量化处刑，鼓励被告人认罪服法，积极退赃退赔
黑龙江省 某农垦法院	试行工作中，该院注重结合实践解决问题，为修改完善试行文件积累经验素材。如对未遂与既遂情节并存的案件，经过实证调研，摸索出一种更加合理的适用方法。如张某盗窃 5 次，其中既遂 2 起价值 5000 元，未遂 3 起无法确定价值。首先，把既遂起点刑确定为 3 个月，盗窃数额每增加 300 元，刑期相应增加 1 个月，即（5000 元 - 1000 元）÷300 元 ×1 个月 = 17 个月，多次作案每增加 1 次相应增加 1 个月，即（5 次 - 3 次）×1 个月 = 2 个月，既遂部分基准刑为：3 个月 + 17 个月 + 2 个月 = 22 个月，其他量刑情节增加 10%，则既遂部分的量刑结果为 22 个月 ×（1 + 10%）= 24 个月。对未遂部分，因没有具体盗窃犯罪数额，在目前试行的《量刑指导意见》没有具体规定的情况下，比照“一年内入户盗窃或在公共场所扒窃 3 次的，可以在三个月拘役至六个月有期徒刑幅度内确定量刑起点”的规定，确定起点刑为 3 个月，基准刑也为 3 个月，同时未遂情节可以减少基准刑 30%，按照先行调节的计算方法为：3 个月 ×（1 - 30%）= 2 个月，其他量刑情节增加 10%，未遂部分的量刑结果为 2 个月 ×（1 + 10%）= 2.2 个月。全案的量刑结果为：24 个月 + 2.2 个月 = 26 个月。有具体盗窃犯罪数额的，可以比照既遂，确定参照刑。这种方法仅适用于犯罪未遂的事实，更符合罪责刑相适应的原则。在没有犯罪数额的侵财型犯罪中，则尝试将未遂情节按次数评价，确定每增加一次增加 1 至 2 个月刑期。 为检验规范化量刑方法与以往估堆量刑法的裁量结果是否存在差距，该院统计分析了试点开展前 6 个月所审结的 34 件盗窃、抢劫、故意伤害、交通肇事案件的量刑结果，依照《量刑指导意见》规定的方法进行量刑与估堆量刑法的结果差别不大。试点前，通常以法定刑的中线为基点，法定刑在有期徒刑 1 年以上的，一般以 6 个月为调整基数，这与定量分析相比，量刑要重几个月；而有期徒刑在 1 年以下的，基本能够持平。此外，对宣告刑可能在有期徒刑三年以下的案件，量刑较以往轻，该院对缓刑适用较多的交通肇事、故意伤害、抢劫、盗窃罪名进行了统计分析，发现改革后缓刑率仅提高了 1.05%，由此可见，量刑方法类型化改革前后刑期基本平稳，没有发生大的波动，但量刑更加细腻、精准

表 2　　　　　　　　《量刑程序指导意见》试行情况表

案件类型	试行情况
普通程序简便审案件	普通程序简便审案件，在审判实践中是非常灵活的庭审程序，在庭审过程中，会随着被告人对指控事实和罪名的意见，随时转变为普通程序进行审理。在对定罪事实和量刑事实均无异议的案件中，法庭调查的顺序是先调查定罪事实，再调查量刑事实；法庭辩论的顺序也是先辩论定罪事实，再辩论量刑事实。由于公诉人举证和辩论的顺序均依据常规进行，整个庭审过程与平时并没有明显区别。如果控辩双方对定罪事实和量刑事实均无异议，庭审很快就能结束。法官认为，《量刑程序指导意见》对于此类案件审理的意义在于，让审判长在庭审过程形成对定罪事实和量刑事实进行区分的意识，从而让合议庭有意识地重点思考量刑事实。在对定罪事实无异议，而对量刑事实有争议的案件中，法庭调查和法庭辩论依然是根据《量刑程序指导意见》的要求进行，但是审判长对量刑事实的调查和辩论可以进行引导，即在法庭调查阶段，在公诉人宣读完起诉书后，审判长讯问被告人对起诉书的指控事实和罪名有无异议时，在被告人表示自愿认罪后，审判长又讯问被告人和辩护人是否对量刑事实或情节有异议。在辩方提出有异议的情况下，审判长会让辩方表明对量刑事实的争议要点。随后，审判长会告知控辩双方在简便举证和辩论定性问题后，控辩双方重点对有争议的量刑事实或情节进行质证和辩论。在辩论阶段开始后，审判长再次引导控辩双方重点对有争议的量刑情节进行辩论。这种引导产生了较好效果。明确了庭审重点，提高了庭审的质量和效率。使辩方最为关心的量刑事实成为庭审的重点，让被告人参与对自己量刑事实的质证和辩论中来，实现量刑程序的公开透明。法庭引导控辩双方就有争议的量刑事实进行法庭质证和辩论，让庭审有繁有简，重点突出，节约了庭审时间，提高了庭审质量和效率。陪审员、公诉人、辩护人均认可这种引导方式。试点法官认为，正是突出了量刑程序的独立性，才产生了这样良好的庭审效果。因此，建议对普通程序简便审案件，在量刑程序的规范性意见中增加设定如下条款："对于适用普通程序简便审的案件，法庭应询问辩方对控方提出的量刑事实或情节是否有异议，或是否有新的量刑事实或情节，如果控辩双方对量刑事实或情节存在争议，在查明定罪事实后，审判长应在法庭调查和法庭辩论阶段引导控辩双方主要围绕有争议的量刑事实或情节进行质证和辩论。"
成年人普通程序案件	对被告人认罪但辩方对指控罪名存在争议的案件在庭审过程中，审判长在询问完辩方对指控事实和罪名的意见后，审判长应引导双方进行法庭调查和辩论，对此，双方应给予配合。庭审中，量刑事实和情节的认定也因此独立出来，使庭审有较好的节奏感和层次性。同时，这种量刑程序的独立，使得辩方在量刑程序阶段能够专心参与量刑事实和情节的认定中来，也使得法庭对于量刑事实和情节的认识更为全面。在对不认罪案件的审理过程中，审判长也进行了同样的询问和引导。其中有的案件的被告人或辩护人

续表2

案件类型	试行情况
成年人普通程序案件	提出被告人不构成犯罪，谈不上有何量刑情节；在公诉人对量刑事实和情节提出意见后，被告人或辩护人只是简单地回答自己或自己的当事人不构成犯罪。而有的案件的被告人或辩护人则表示，如果法庭认为被告人有罪，则提出其有如下一些量刑事实和情节，并与公诉人就量刑事实和情节展开法庭质证和辩论。笔者认为，对这类案件的审理，在引导量刑事实和情节的质证和辩论时，有先定后审的感觉，尤其是对辩方拒绝参与量刑程序的案件，由于辩方的参与度不够，容易使有些量刑事实和情节的发掘不够完整
成年人简易程序案件	在简易程序案件中，公诉人不出庭，使得法庭调查和辩论基本上由独任法官掌握和控制。为保证案件审判质量，尤其是量刑的公正，一些试点法院为一些没有委托辩护人的被告人指定了辩护律师，并要求公诉人在起诉书中尽可能表明各种量刑事实和情节。根据《量刑程序指导意见》的要求，由辩护律师在庭审过程中重点就量刑事实和情节提出辩护意见，从而保证量刑事实和情节的查明
未成年人审判程序案件	未成年人审判适用的是较为特殊的审判程序，未成年人审判实行的是教育、感化、挽救的方针，坚持的是教育为主、惩罚为辅的原则，在程序上强调的是以社会调查和法庭教育为主要内容的“寓教于审”。以社会调查为基础的品行证据，对于量刑影响较大；法庭教育工作也穿插在整个庭审过程中；另外，在主、从犯的认定、自首、立功、未遂等情节的认定，在很大程度上也区别于成年人犯罪。在试点案件的庭审过程中，法官特别突出和强调了量刑程序，发现量刑事实是未成年人审判的重中之重，也是被告人、代理人和辩护人关注的重点。在法官引导法庭开展量刑事实的调查和量刑情节的辩论时，被告人及其法定代理人和辩护人均能积极参与，以法庭调查为基础的品行证据在其中扮演重要角色，庭审教育工作在此阶段也能够发挥重要作用。法官认为，在未成年人审判中强调量刑程序的独立性，有利于引导控辩双方积极参与到量刑事实和量刑情节的认定中来共同查明事实和情节，有利于通过庭审教育、感化和挽救未成年犯罪人，也有利于今后进一步做好社会矫正工作

2. *存在的问题*

在试点工作中，少数法官依然存在对《量刑指导意见》中规定的量刑方法不理解并有质疑的思想，对量刑规范化工作的意义和需求认识不够深入，这在一定程度上阻碍了量刑规范化工作的进展。因此，最高人民法院有必要就思想统一问题进一步予以解决。下一步可以就量刑方法类型化的运作模式进行进一步研究。如研究运用软件问题，生成数据自动积累并调节量刑起点，形成经验自动积累并以数据化的经验作为指导量刑起点、量刑情节调节幅度的自动化模式等。进一步细化量刑程序，比如在合议笔录中详细记载量刑过程、量刑起点及调节幅度，让量刑过程在合议过程中透明化，并由电脑自动生成。

法官对《量刑指导意见》规定的有关内容存在一些理解上的难点，如罪中情节与其他情节的区分等。例如，犯罪对象是罪中情节还是其他量刑情节，有的法官理解为罪中情节，有的法官则理解为其他量刑情节，最高人民法院应对这些内容作出明确解释。《量刑指导意见》的有关内容依然需要进一步细化，特别是增加刑罚量确定基准刑部分。《量刑指导意见》对此没有作出规定，法官在适用部分罪名时无从参考。比如寻衅滋事、妨害公务等，建议对于基准刑部分进一步细化。法官们对于裁判文书中关于量刑方法类型化的适用如何体现还存在认识的盲点。有的法官认为在裁判文书中应该有所体现，有的法官则认为不应该体现。在司法实践中，一些突出的具体问题表现在以下方面：

（1）个案有突破法定最高刑的情形。例如，一个敲诈勒索罪未遂案件，被告人犯罪数额达 380 万元，按照某些省高院实施细则中有关犯罪数额的规定，该案的基准刑将大幅度突破法定最高刑，即使依照犯罪未遂等法定从宽情节进行调节后，对于此类案件的宣告刑仍然须按法定最高刑顶格判，但从该案犯罪事实、具体情节以及量刑经验上看，这样的量刑显然畸重。职务侵占等同类案件犯罪数额达到一定程度的，基准刑也都有可能大幅度超出法定最高刑。但是，对于这种特殊情形基准刑能否突破法定最高刑？最高人民法院《量刑指导意见》并未有规定。

（2）基准刑与法定刑的衔接问题。有些法院的实施细则中规定的基准刑与法定刑衔接不协调，如抢劫数额 500 元以下的，量刑起点为有期徒刑 3 年，每增加一次，刑罚增加 2 年，但相关法律规定抢劫 3 次以上刑罚起点为 10 年。实施细则规定抢劫数额每增加 500 元刑罚增加 1 个月，而抢劫 1 万元以上的法定刑起点为 10 年，这两项规定与法定刑衔接不畅。此外，实施细则中规定盗窃的数额也与法定刑不太协调，其中关于盗窃罪的规定为盗窃数额 1 万元的量刑起点为 3 年，每增加 300 元，刑罚量增加

1 个月。按这样计算，盗窃 5 万元应当判到 14 年，这与盗窃 5 万元以上量刑为 3 至 10 年的法定刑不协调。

（3）部分量刑情节难以体现。对于法定情节，侦查机关会进行收集和提取，裁判量刑也能予以体现，但对于酌定情节，如被告人的身份、成长经历、犯罪动机等，侦查机关往往不予提取或忽略，量刑时也就很难予以体现，但这些确实是影响刑罚裁量的重要因素。并且，部分量刑标准过于绝对化，难以体现具体案件具体分析的个案差别化和灵活性，容易使量刑过于机械。

（4）量刑失衡现象依然存在。审判实践中发现，有的刑事被告人需要从重处罚的，但根据《量刑指导意见》，被告人刑期上不去；有的刑事被告人需要从轻处罚的，但根据《量刑指导原则》，被告人的刑期下不来。因此，宽严相济的刑事审判政策无法充分体现，这一情况在可能判处 10 年以上有期徒刑的案件中表现得较为明显。

（5）用百分比确定刑罚量的增减存在弊端。基准刑的基数越大，按比例增减的刑罚量就越高；基准刑的基数非常小时，按比例计算时有的量刑情节得不到体现。例如，基准刑是 10 年有期徒刑，被告人有多个酌定从轻情节可以减少 50% 时就减少了 5 年的刑罚量，这样的调节幅度有时会造成量刑过轻。

（6）对于附带民事诉讼部分已和解的案件基准刑的减少比例有些低。司法实践中，被告人通常以赔偿作为获得缓刑或者免刑的条件，而只要被害人愿意接受赔偿，对被告人适用缓刑可以取得当事人都满意的结果。但是，如果赔偿问题不能得到解决，被害人的经济损失将难以得到弥补。即使被告人得不到从轻处罚，被害人不但受到心理创伤，还受到经济打击，从而会引发更多的矛盾纠纷，无法达到息诉宁人的效果。

（7）关于累犯的适用问题。刑法规定累犯前罪和后罪都应是判处有期徒刑以上刑罚，被告人前罪刑满释放后 5 年内再犯罪的，有的罪行较轻又有从轻、减轻情节，虽然基准刑是有期徒刑，但量化的结果在 6 个月以下，最终不能判处有期徒刑，而不能构成累犯。在盗窃犯罪案件中，对于累犯的量刑问题仍然存在争议。虽然最高人民法院注意到这个问题，并在司法解释征求意见稿中加以修改，但该司法解释迟迟未能出台，实践中争议较大，执法不一。

（8）被告人被羁押的时间超过量刑结果的问题仍很突出。基层法院在量刑规范化试行以后，问题显得更突出。过去量刑多数以半年为量刑单位，按月量刑的很少，即使量刑具体到月的，一般常用的方法是羁押多久判多久，避免超期羁押。量刑方法改革给羁押制度带来了挑战，如果按照以前的做法“关多久判多久”，就失去了量刑规范的意义。例如，在常见的盗窃、抢劫等罪名中，如果案件中存在赃物追缴、犯罪未遂、自愿认罪等情节时，可能计算出比原来刑期低一二个月的刑期，甚至得出负数刑期。在司法实践中，前期的侦查起诉环节花费的时间太多，从犯罪嫌疑人被抓获到法院正式审判，时间至少在3~4个月以上，个别案件中可能达到半年以上，大多数被告人在此期间均被羁押，按照《量刑指导意见》规定的计算方法，刑期很可能得出负数，这意味着有关机关还将面临国家赔偿问题。

(9) 盗窃财物无法追缴仍然影响量刑的问题。在司法实践中，财物是否被追缴是影响被告人量刑的情节之一，因此，有些地区实施细则规定，盗窃财物无法被追回的，可以增加基准刑的30%以下。对于这一规定，笔者认为，盗窃犯罪的既遂形态已包括了财物丧失的状态，不应再重复评价。

(10) 关于毒品犯罪案件的问题。毒品犯罪案件中，对多次或向多人贩卖毒品数量较少情形，一些地区处理仍欠合理。《量刑指导意见》认为，毒品犯罪的社会危害性主要体现在毒品数量方面，根据毒品数量规定了不同幅度内的量刑起点和基准刑，没有对“多次或向多人贩卖毒品”的情形予以规定，只强调综合考虑全案情况，做到罪责刑相适应。此规定过于笼统，特别是查实数量较少，更是难以把握。如在试行中，有的法院提出有一半以上毒品犯罪案件的数量在2克以下，且次数差异较大，有的1~2次，有的7~8次，而根据相关司法解释规定，贩卖毒品3次以上认定为情节严重，量刑起点即为3年，按克数确定的基准刑与按次数确定的基准刑差异较大。笔者认为，由于毒品的特殊性，应同时考虑数量和次数确定量刑起点。

(11) 案件中多个被告人刑罚的平衡问题。有些地区的实施细则规定，积极赔偿被害人经济损失并取得被害人及亲属谅解的，可以减少基准刑的40%；主动接受财产处罚，达到犯罪数额两倍以上的，可以减少基准刑的20%；如果具备这两个情节，就应当减少基准刑的60%。如果同一案件中两个被告人其他情节完全相同，只是经济条件不同，则作出赔偿的被告人比未作出赔偿的被告人服刑期限少60%。针对上述问题，笔者认为，应对量刑实施细则中有些罪名的量刑规定稍做变动或补充，并以此为标准把握量刑问题，涉及的罪名有盗窃、抢劫、强奸、交通肇事等。

（12）具有多起抢劫案件的规则适用问题。有些地区实施细则规定，抢劫1次的，可在3~5年有期徒刑幅度内确定量刑起点；每增加1次抢劫可增加2~3年有期徒刑。部分基层法院反映，如果抢劫次数较多，达到5次以上，但每次只抢劫少量财物的，又没有其他从轻或减轻情节，按照实施细则的规定，即使运用10%的裁量权，确定的宣告刑也可能在有期徒刑15年以上，超过了司法实践中基层法院对单一罪名的最高量刑标准。

（13）未成年人审判应适用特殊的审判程序。未成年人审判应实行教育、挽救和感化的方针，坚持教育为主、惩罚为辅的原则，同时，未成人审判应以社会调查和法庭教育为主要内容的“寓教于审”。而在司法实践中，法庭教育工作没有穿插在整个庭审过程中，在主、从犯的认定以及自首、立功、未遂等情节的认定上，与成年人犯罪的区别不明显。其实，量刑程序是未成年人审判的重中之重，在试点案件的庭审过程中，法官没有突出和强调量刑程序，法官在引导法庭开展量刑事实的调查和量刑情节的辩论时，庭审教育工作在该阶段没能充分发挥作用。并且，在未成年人审判中强调量刑程序的独立性，有利于引导控辩双方积极参与量刑事实和量刑情节的认定中来，共同查明案件的事实和情节，有利于通过庭审教育、挽救和感化未成年犯罪人，也有利于今后进一步做好社区矫正工作。

（14）故意伤害案件鉴定标准不统一和未做伤残等级鉴定问题仍然存在。《量刑指导意见》中规定的其他影响犯罪构成、犯罪次数、后果等因素中，如故意伤害案件涉及伤残标准，有的案件作了伤残鉴定，但有很多案件没有做伤残鉴定，影响基准刑的确定，对量刑结果产生差异，最高人民法院也没有明确必须鉴定的案件范围。

第二节　量刑方法类型化面临的分歧与调适

经过在前期的试点法院试行，试点法院基本同意《量刑指导意见》采用的量刑方法的思路，但在确定基准刑的根据和方法上出现较大的意见分歧。第一种观点认为，社会危害性情节，如未遂、从犯等应当作为确定基准刑的因素；第二种观点认为，未遂、从犯等社会危害性情节应作为调节基准刑、确定宣告刑的因素。2009 年 4 月修订的《量刑指导意见》在总结司法实践经验的基础上，对 2008 年的《量刑指导意见》进行了修正，把量刑方法分为两个层级，根据犯罪基本事实在量刑幅度内确定基准刑；根据量刑情节调节基准刑，并最终确定宣告刑。同时，规定确定基准刑的方法，即根据犯罪基本事实在相应的量刑幅度内确定量刑起点；根据犯罪次数、犯罪数额、犯罪后果等犯罪事实增减刑罚量，并确定基准刑。[①] 与 2008 年试行文件不同的是，2009 年试行文件对确定基准刑的根据进行了修改，并将确定基准刑的方法分为两步。但试点法院的法官提出在确定基准刑和宣告刑的两个步骤中，又包含着确定基准刑的两个小步骤，导致量刑步骤较为烦琐。因此，经过修改，最终确定量刑方法分为三个层级，一是根据犯罪基本事实在相应的法定刑幅度内确定量刑起点；二是根据其他影响犯罪构成的犯罪次数、犯罪数额、犯罪后果等犯罪事实，在量刑起点的基础上增加刑罚量、确定基准刑；三是根据量刑情节调节基准刑，并综合考虑全案情况，确定宣告刑。[②]

有些试点法院认为，根据《量刑指导意见》中“确定宣告刑的方法”的规定，量刑情节对基准刑的调节结果并不当然地就是宣告刑，还需要根据不同的案情再做最后的量化，有时还可能要运用 10% 的综合裁量权进行调整，量刑情节对基准刑的调节结果就是拟宣告刑，建议在确定宣告刑步骤前增加一个拟宣告刑的步骤。例如，湖北省高级人民法院制定的实施细则就在最高人民法院文本规定的量刑步骤的基础上，增加了确定拟宣告刑的步骤。最高人民法院认为，这符合《量刑指导意见》的原则精神，同意其进行调整。在司法实践中，量刑方法类型化理应根据现实的需要不断地进行完善。

一　量刑方法类型化面临的分歧

对量刑基准的概念目前还处在理论研究的争论阶段，主要有四种

① 参见卓礼童：《量刑方法论》，硕士学位论文，中国政法大学，2011 年，第 28 页。

② 参见熊选国：《〈人民法院量刑指导意见〉与“两高三部”〈关于规范量刑程序若干问题的意见〉理解与适用》，法律出版社 2010 年版，第 58 页。

观点：

第一种观点认为，量刑基准是指某一犯罪在既遂状态下所对应的量刑幅度，当然，应排除其他从轻、减轻或从重、加重等影响量刑的各种因素。第二种观点认为，量刑基准是指预先拟定的不同种罪名的基准事实与该基准事实所对应的基准刑。[①] 第三种观点认为，量刑基准是指某一犯罪在既遂状态下基本量刑的一个标准，这个标准被视作一个基点，在综合考虑量刑时作为一个参照点。第四种观点认为，量刑基准是指一个抽象个罪的基准事实所对应的基准刑就是量刑基准，它既可以是一个量刑幅度，也可以是一个量刑点；一个罪名既可以包含一个量刑基准，也可以包括多个量刑基准，事实上，量刑基准是相对的而不是绝对的。[②] 到目前为止，量刑基准虽然没有一个确切的定义，但从上述的观点看，量刑基准的特征如下：量刑基准指的是一个抽象的个罪，在一般既遂状态下应当判处的刑罚，并非实际所宣告的刑罚。量刑基准可能是点，也可能是一个量刑幅度，只是该量刑幅度比法定量刑幅度小而已。量刑基准是指排除各种法定和酌定情节，仅就既遂状态下所判处的刑罚。综上所述，笔者认为，量刑基准是指，对一个抽象的个罪，排除各种法定和酌定情节仅在既遂状态下应当判处的刑罚，它可以是一个点，也可以是一个幅度。

在量刑基准问题上，争议最多的是其确定方法问题，现在争论的观点主要有五种：一是中线论，把基准点放在量刑幅度的1/2处，案情中有从重的量刑情节时，就在法定刑的量刑幅度的中线以上量刑，案情中有从轻量刑情节时，就在法定刑的量刑幅度的中线以下量刑。二是实证分析论，针对某种犯罪，找出大量的典型案例作为研究的对象，研究在一定时期内量刑基准的刑罚量，计算出它的平均值，作为量刑基准。三是分格论，根据罪名，在所对应的法定量刑幅度内，分出若干段，作为几个基准点，然后，根据案情的从重、从轻情节，以对应相应的各段，从而确定相对应的基准刑。四是重心论，把基准点作为行为社会危害性的一个主要因素，这个因素就是个罪的重心，与这个重心相对应的法定刑就是

---

① 参见姜涛：《量刑基准若干问题的研究》，载赵秉志主编《刑法论丛》，法律出版社2010年版，第129页。

② 参见熊选国：《〈人民法院量刑指导意见〉与“两高三部”〈关于规范量刑程序若干问题的意见〉理解与适用》，法律出版社2010年版，第58页。

量刑基准。[1] 五是形势论，该基准点随着治安形势的变化而变化，治安形势稳定时期，可适当降低量刑基准点；治安形势不好时期，则提高相应的量刑基准点。

二　量刑方法类型化的调适

1. 英美法系量刑方法类型化的调适

英美法系国家主要采用的是判例法。对被告人犯罪事实的认定和刑罚的适用以先例为准，这种量刑模式遵循的是从个别到个别的思维方式，在量刑操作上采用的是类比的推理方法。根据判例法的原则，先前的判决结果适用于之后的类似案件，无论是本院还是下级法院均可适用。其量刑方法如下：第一，查明案件事实，并整合该案件所具有的 A、B、C 等属性；第二，找寻先前具有 A、B、C 等属性的判例；第三，将该先前判例适用的刑罚结果适用于本案。可以说，他们这种将后一类案件依照前一类性质相同的案件判决的量刑方法，体现了英美法系的法官不仅仅能执法，还能造法。

由于判例法遵守先例的原则，它比制定法更具有连续性和稳定性；由于判例法中的先例永远有效，判例会越来越丰富；由于判例没有字数和篇幅的限制，所以比较清楚、具体、明白；由于判例法都是现实中的案件，故比制定法更贴近实际。但是，判例法也有自己的缺陷，依据判例法的量刑方法，在没有先例的情况下，就会出现法官擅自决断的现象，不利于统一。随着时间的推移，判例越积越多，有时在适用判例法时，会给人带来很大的麻烦，尤其对一些新任法官，在适用判例法时会困难重重。判例法需要经验丰富的法官，如果法官缺乏司法实践经验，有可能会对判例法援引不当，造成量刑失衡或不公正。为了避免这些弊端，限制法官的自由裁量权，解决量刑失衡问题，英美法系国家早在 20 世纪 70 年代就开始提出了量刑方法的改革，主张实施统一量刑标准，经过 30 多年的不断改革和发展，逐步形成了两种具有代表性的量刑模式，即美国的数量化量刑指南模式和英国的论理式量刑指南模式。

美国量刑指南模式采用的是一种数字式的量刑表格，实践证明，这种

① 参见郑伟：《重罪轻罪研究》，中国政法大学出版社 1998 年版，第 51 页。

量刑方法模式不仅简明、容易操作，而且能有效地控制法官的自由裁量权。因此，美国量刑指南模式对许多国家的量刑方法改革产生了深远的影响。

英国的论理式量刑指南始于20世纪80年代。英国刑事上诉法院制定的量刑指南，主要是在处理对一审判决不服的上诉案件时适用，上诉法院可以审查该罪名的量刑规定，然后考虑从轻或从重的相关因素，提出一些量刑指导意见，以给予法官必要的指导。根据英国《1998年犯罪与妨害秩序法》第80条规定，国会第一次授予刑事上诉法院制定新的刑事犯罪量刑指南的立法权；量刑咨询专家小组帮助刑事上诉法院制定量刑指南，但量刑咨询专家小组对上诉法院只能提出某一类犯罪的量刑指南建议，不能对量刑的总则性规定提出意见；同时，该量刑指南只能限于上诉案件。不过，如果没有上诉案件，该专家小组的量刑指南建议将不能被上诉法院采纳。

英国的量刑指南委员会和量刑咨询专家小组，均是独立的机构，都属于量刑指南机构。量刑指南委员会由首席高等法官担任主席，由7名审判人员和4名非审判人员组成，但必须由警察和有辩护经验的人员组成，这些人员由内政大臣经征求大法官和首席高等法官的意见后任命。量刑咨询专家小组有学者、法官、社区的代表等15名成员组成，这些成员同样是经上述程序任命。英国《2003年刑事审判法》第172条规定，法院对某一罪犯量刑时，应该依据该罪名相关的量刑指南量刑，这说明量刑指南对法官量刑具有一定的约束力。

2004年3月，英国又颁布实施了新的量刑指南，确立了犯罪的主观罪过和客观危害的评价原则，设立了新的刑罚种类，规定了对认罪的刑事被告人从轻处罚等一些原则。该指南对英国的立法作出了更加明确具体的规定，对法官量刑具有很好的指导作用。

从理论上看，量刑指南为刑事法官的量刑提供了量刑的方法和标准，既可以控制法官的自由裁量权，又给法官留有一定余地。虽然量刑指南所提供的量刑方法还有一定的不足，但它已经提供了解决基准点问题的一个方向，给量刑方法类型化的探索和研究，提供了理论基础。从司法实践经验看，量刑指南在一定程度上解决了相对法定刑制度下刑法畸轻畸重问题。

2. 大陆法系量刑方法类型化的调适

在大陆法系，制定法所采取的思维方式是从一般到个别，它的量刑方法是具有逻辑推理方式的三段论，刑事法官在审理案件时只能在法律规定的范围内判处刑罚。也就是说，如果法律规定犯某罪应受到某种刑事处罚（大前提），李四犯了该罪（小前提），所以，李四就应受到某种处罚（结论）。这种量刑方法的好处在于立法和司法完全分开，法官的量刑过程，实际上是在体现立法者意志的一个过程，这样有利于确保法的稳定性和权威性，方便易行并有利于司法统一。但这种量刑方法的缺陷在于具有概括、抽象的特点，而现实生活中发生的案件千姿百态，用这样概括的具有普遍意义的成文法去解决这些个别、具体的案件，难免会有“力不从心”的感觉。受法官的认识能力、业务水平、工作态度、政治思想等因素的影响，在大陆法系量刑模式下，稍有不慎就会造成量刑失衡。由于成文法具有稳定性，随着社会经济的发展，这些成文法可能会与社会生活不相适应，而法律的修改有一个漫长的过程，在司法实践中有时会造成立法与司法的脱节。在成文法这种模式下，罪刑法定和罪刑相适应等原则多少显得有些机械，罪刑法定只是相对确定的法定刑，而罪刑相适应也只不过是法官主观上的观念而已，因此，法官的自由裁量权实际上是很宽泛的，难免会造成法官在量刑时的随意性，容易滋生腐败。

德国的一些学者认为，为了避免法官在量刑时的随意性，应在一个量刑幅度内确定一个最低刑和一个最高刑，最低刑适用于犯罪最轻的被告人，最高刑适用于犯罪最重的被告人。不过，因大多数案件的案情在二者之间，为了给不同情节的犯罪量刑方便，需要确定一个基准点，以便给需要加重处罚或减轻处罚找到一个参照点。还有学者认为，应选择规范要件的平均严重程度作为理想的基准点。也有学者建议，将经验的平均值作为基准点。在解决这个问题时，德国采取的主要方法是：一是制定出具体的量刑标准，减小特定案件的量刑幅度；二是通过法官经常交流司法实践经验、互通信息，研讨出认为科学的基准；三是确定绝对刑。

在理论探索上，日本刑法学者崇尚对量刑基准作实证研究。他们认为，通过实证研究，不仅可以确立量刑基准，而且还可以进一步审视影响量刑基准的各种因素，从而获得珍贵的研究资料，为下一步的研究提供理论基础。有些学者在进行实证研究时尝试着以计算平均值的方法就法官对某些犯罪所进行的量刑进行测算，根据一定数量的同类案例，找出与该案例相对应的各种因素，并将这些因素计量化，然后推算出基准刑。在日本的刑法学界，在量刑基准问题的运用上，司法部门积极吸收了司法程序运用上的理论成果来确立量刑基准，并对司法裁量产生影响。①

3. 我国量刑方法类型化的调适

目前，在中国的量刑方法类型化改革中存在这样一些问题，对于不认罪的案件，存在“先定后审”的问题，同时辩护人也陷入了一方面认为无罪，一方面又先承认有罪然后进行量刑事实的辩论或干脆放弃量刑事实的辩论的尴尬境地。“先定后审”的问题和辩方在量刑程序中遭遇的尴尬，实际上是包括我国在内的采取大陆法系定罪与量刑一体化模式的普遍缺陷。如何解决这一难题，需要借鉴英美法系采取的定罪与量刑相分离的程序模式，即将定罪与量刑分为两个独立的程序，先解决定罪问题，再解决量刑问题。对于这个问题，理论界有一种观点认为，定罪程序与量刑程序的这种彻底分离会增加诉累，不利于诉讼效率。笔者认为，我们并不需要、也不应该对所有案件适用一种模式，应该只就不认罪案件采取英美法系的量刑与定罪相分离的程序模式，而对认罪案件则应坚持大陆法系的定罪与量刑一体化模式，这样既能保证案件质量又能提高诉讼效率。理由如下：一方面，量刑证据规则的特殊性，决定了量刑事实的证明需要有独立的量刑程序予以保障。强调定罪程序与量刑程序的分离，不仅仅是解决辩护尴尬问题的需要，而且还是定罪事实与量刑事实的证明规范不同所决定的。定罪事实与量刑事实的证明方式、证据标准等证据规则存在很大差异。在对量刑事实的证明中，有关基准刑的根据和从严量刑情节需要适用严格的证明规范和排除合理怀疑的证明标准，而从宽量刑情节则需要适用自由的证明规范和优势证明标准。如果不将量刑程序独立出来，则很难保障量刑情节被及时发现，特别是对于一些被告人供述、被害人陈述或证人证言等言辞证据而言，这些证据在很多情况下是作为定罪证据出现的，而其中又包含大量的量刑情节，可以作为量刑证据使用。在庭审过程中，如果没有独立的量刑程序，控辩双方在质证和辩论过程中，势必会出现要么先考虑定罪事实及情节的认定而忽视量刑事实及情节的认定，要么控辩双

① 参见熊选国：《〈人民法院量刑指导意见〉与“两高三部”〈关于规范量刑程序若干问题的意见〉理解与适用》，法律出版社 2010 年版，第 54 ~ 55 页。

方对同一证据从量刑证据规则和定罪证据规则两个方面运用不同的规则发表不同的意见，以致法官必须在运用不同的证据规则时不断地转换思维。而基层法院审理的大部分案件是有陪审员参与的，即使法官有这样的法律素养可以适应这种变化，陪审员也很难适应这种变化，从而容易造成合议庭对定罪事实与量刑事实及其证据认定的混乱。而一旦有了独立的量刑程序，则在定罪程序结束后，控辩双方便可以专门运用量刑证据规则对证据予以质证和辩论，合议庭也能以量刑证据规则的思维方式对证据重新予以审核，从而将量刑情节更加充分地发掘出来，整个庭审程序也就更加清晰，重点更加突出。另一方面，两种模式并存既能保证效率又能实现公正。效率和公正是刑事诉讼追求的两大目标。我国刑事诉讼法设立简易程序，最高人民法院根据司法实践的经验在普通程序中推出被告人认罪案件审理程序，其最主要的诉讼价值是追求效率。而对于其他不认罪案件设立普通程序审理，其最主要的诉讼价值是追求公正。但并不是说，简易程序和普通程序简化审程序就不追求公正，也不是说不认罪案件就不追求效率。而是说，根据不同案件的审判重点和疑难程度，设置这三种程序能同时兼顾效率和公正，使得可以提高效率的案件尽量提高效率，实现公正难度大的案件要最大限度地实现公正。从试点法院的历年统计数据来看，每年审理的刑事案件中，简易程序案件占了60%左右，被告人认罪程序案件占了30%左右，只有10%左右的刑事案件适用普通程序审理。也就是说，认罪案件占所有刑事案件的90%左右，对它们均以较为快速的方式审结，既保证了公正，又提高了效率。

在认罪案件中，由于控辩双方对罪与非罪以及此罪与彼罪均无争议，法庭如果再将定罪程序与量刑程序彻底分离，既浪费诉讼资源又增加诉累。相反，法庭在确认被告人自愿认罪后很快地将庭审从定罪程序转变为量刑程序，适用量刑证据规则重点调查量刑事实及情节，也不会产生前文提到的庭审混乱的问题。辩方在此类案件中追求的是量刑公正，也能有充分的时间和机会得以实现。可见在认罪案件中，适用大陆法系的定罪与量刑一体化模式，也就是我国现行的庭审模式，消化掉绝大部分刑事案件，能有效地保证整体刑事诉讼效率，这样完全符合诉讼经济和司法公正的理念。

而在不认罪案件中适用英美法系定罪与量刑的分离程序，重点解决另外约占10%左右的疑难复杂的案件。这类案件也是司法实践中最容易出现错误的案件。其意义在于：其一，定罪与量刑程序相分离，辩方在定罪程序中就可避免同时辩护量刑问题的尴尬；其二，在定罪程序结束后，如果认定被告人无罪，就不必继续量刑程序，可节省诉讼时间和成本，提高效率；其三，如果认定被告人有罪，辩方势必将主要精力转入量刑问题的辩护上，则控辩双方可更加充分地就量刑事实及情节展开质证和辩论，因而更加利于法庭公正裁判；其四，由于两个程序相分离，控辩双方和法官、陪审员避免了因定罪证据和量刑证据适用不同规则而造成调查和认定混乱的问题，量刑也必将更加公正。此外，由于约 90% 的案件适用定罪与量刑一体化模式，只有 10% 左右的案件适用程序分离模式，这将从整体上提高诉讼效率，不会给控辩双方以及法官增加诉累。退一步说，即使这样做对诉讼效率产生一定影响，但对于在这些容易出现错误的约 10% 的案件中突出司法资源的投入，以确保司法公正和保障人权，也是值得的。

第四章　我国量刑方法类型化的规范与完善

量刑方法类型化是法治进步和时代发展的客观需要，主要目的在于应对纷繁复杂的司法实践，准确裁量刑罚，确保办案质量，实现公平正义，维护社会稳定，促进社会和谐。对于完善量刑制度，提高司法办案水平，促进社会主义法治建设，保障在全社会实现公平正义，具有十分重要的意义。《量刑指导意见》实际上是对量刑方法进行了类型化，即对量刑的基本方法、常见量刑情节的适用、常见犯罪的量刑等内容作出原则性规定。量刑是一个整体的思维过程，根据《刑法》第 61 条的规定，量刑的根据是犯罪事实、犯罪性质、犯罪情节和对社会的危害程度。在确定量刑起点、基准刑和宣告刑时，要以量刑的根据为指导，充分考虑犯罪事实、犯罪性质、犯罪情节和对社会的危害程度等各种事实情节，准确认定量刑起点的基本犯罪构成事实，确定其他影响犯罪构成的事实，界定量刑情节的范畴，从而确定量刑起点、基准刑和宣告刑，确保量刑公正。近几年来，我国的量刑方法虽然有所改进，但在笔者看来，仍有两个明显的问题：一是重罪的量刑过重，二是缺乏规范的量刑方法。要想规范量刑方法，使得量刑公正，首先要对量刑方法类型化进行规范和完善。笔者在对部分法院的量刑进行调研的基础上，着重对北京市甲区人民法院的量刑现状进行了详细的调研。

第一节　常见犯罪量刑方法类型化的规范

1997 年修订后的刑法中规定的罪名有 414 个，之后，9 个刑法修正案中又删减、修改了一部分罪名。《量刑指导意见》目前仅对 15 个罪名在量刑方法上进行了规范，即交通肇事罪，故意伤害罪，强奸罪，非法拘禁罪，抢劫罪，盗窃罪，诈骗罪，抢夺罪，职务侵占罪，敲诈勒索罪，妨害公务罪，聚众斗殴罪，寻衅滋事罪，掩饰隐瞒犯罪所得、犯罪所得收益罪以及走私、贩卖、运输、制造毒品罪。笔者结合调研中的司法实践仅就这15个罪名进行研究剖析，作为引玉之砖。

一　侵犯财产罪量刑方法类型化的规范

侵犯财产罪是指以非法占有为目的，故意非法地将公共财产和公民私有财产据为己有，或者故意毁坏公私财物的犯罪行为。它具体包括抢劫罪、盗窃罪、抢夺罪、诈骗罪、聚众哄抢公私财物罪、侵占罪、职务侵占罪、挪用资金罪、挪用特定款物罪、敲诈勒索罪、故意毁坏财物罪、破坏生产经营罪等。侵犯财产罪的客体是财产关系，即全民所有和劳动群众集体所有以及公民私人合法所有的财产关系。关于本罪的主体，多数犯罪是一般主体，如盗窃罪、诈骗罪、抢夺罪、故意毁坏财物罪等；少数犯罪是特殊主体，要求由具备一定身份的人员构成，如职务侵占罪和挪用资金罪的主体必须是公司、企业或者其他单位的人员。本罪的客观方面表现为以暴力或非暴力、公开或者秘密的方法，攫取公私财物。本罪的主观方面是故意并且具有非法占有的目的。侵犯财产罪侵犯的对象是公共财产和公民私人财产的所有权。侵犯财产罪由《刑法》第263条至第276条规定，共14个条文，12个罪名。其中，1条1罪的9个，1条3罪的1个，全部为单一罪名，没有单位犯罪。《量刑指导意见》里仅涉及其中6个罪名，分别是抢劫罪、抢夺罪、敲诈勒索罪、盗窃罪、诈骗罪和职务侵占罪。为了与《量刑指导意见》保持一致，笔者仅就这6个罪名进行剖析。

1. 抢劫罪的量刑方法类型化的规范

抢劫罪是指使用暴力、胁迫或其他方法，当场劫取公私财物的行为，并且必须以非法占有为目的。本罪的主体是一般主体，凡年满14周岁并具有刑事责任能力的自然人，均可以构成抢劫罪的主体。本罪侵犯的客体是复杂客体，即不仅侵犯了公私财产的所有权，同时也侵犯了被害人的人身权，是严重的侵犯财产的犯罪。侵犯双重客体是构成抢劫罪的一个必备要件，也是本罪区别于其他侵犯财产犯罪和一般侵犯人身权利犯罪的一个重要标志。本罪在客观方面表现为行为人对公私财物所有者、持有人或者保管人等当场使用暴力、胁迫或者其他方法强行劫取财物，或者迫使其当场交出财物的行为。本罪在主观方面必须出于直接故意。

抢劫罪的基本犯罪构成事实是指构成抢劫犯罪并达到在某个法定刑幅度内量刑的最基本的犯罪事实，也就是定罪的犯罪事实和加重处罚的犯罪事实，是确定该类犯罪量刑起点的事实依据。刑法根据抢劫犯罪的不同危害后果，对该罪规定了两个量刑幅度，不同量刑幅度内抢劫犯罪有着不同的基本犯罪构成事实要求，表现为对罪状的描述。抢劫罪是典型的复杂犯罪构成罪名，在10年以上法定刑幅度内，存在8种犯罪构成事实；在3年以上10年以下法定刑幅度内，也因为双重客体的存在，转化抢劫的构成而存在其他多种犯罪构成事实。因此，在《量刑指导意见》规定的同一个量刑起点幅度内，可以根据不同的犯罪构成分别确定相同或不同的量刑起点。在此基础上，犯罪数额的增加，伤亡后果的出现，应作为其他影响犯罪构成的犯罪事实增加刑罚量、确定基准刑。因此，在行为符合抢劫犯罪行为特征时，采取暴力、胁迫或者其他方法，或者虽然未抢得财物，但造成了被害人轻伤，均具备此法定刑幅度内抢劫犯罪的基本犯罪构成要件。前述任意一种构成抢劫犯罪结果加重犯的基本犯罪构成事实，均可以作为量刑起点的事实依据。在同一种情形基础上增加的同种情节、犯罪数额或其他情形均属于其他影响犯罪构成的犯罪事实，应以增加刑罚量的形式确定基准刑。有观点认为，量刑起点针对的是抽象犯罪构成事实，抢劫犯罪的量刑起点只受犯罪构成事实、刑事政策、审判习惯、当地经济发展状况水平及治安状况等因素的影响，与个案中的各种具体的犯罪事实、情节无关。事实上，量刑起点一经确定并不是一成不变，当实践检验结果表明量刑起点偏高或偏低时，可以进行调整。

对于一般抢劫案件的量刑起点，《量刑指导意见》规定，抢劫一次的，可以在3～5年有期徒刑幅度内确定量刑起点。就转化型抢劫而言，笔者认为，转化型抢劫与一般抢劫的基本犯罪构成要件有所差别，因此，在同一个量刑起点幅度内分别确定量刑起点是可行的。一般抢劫与转化抢劫案件的差别主要体现在被告人的主观恶性不同，直接预谋抢劫的被告人主观恶性较大，转化型抢劫的被告人主观恶性则相对较小，量刑时应当有所区别。

对于具有加重情节的抢劫案件的量刑起点，《量刑指导意见》规定，有下列情形之一的，可以在10～12年有期徒刑幅度内确定量刑起点：“抢劫三次或者抢劫数额达到数额巨大起点的；入户抢劫的；在公共交通工具上抢劫的；抢劫致一人重伤，没有造成残疾的；抢劫银行或者其他金融机构的；持枪抢劫的；抢劫军用物资或者抢险、救灾、救济物资的；冒充军警人员抢劫的。”该条没有规定抢劫致人死亡的量刑起点；同时，也排除了其他依法应当判处无期徒刑以上刑罚的案件。由于《量刑指导意见》只适用于判处有期徒刑的案件，因此，对于抢劫犯罪行为同时具备上述多种情形时，法官首先通过定性分析判定个案应当适用的刑种，确定应当适用有期徒刑的案件才可以按本指导意见确定相应的量刑起点。

甲区人民法院在试行期间审结的案件中，抢劫案件共有 13 件，其中有 1 件为入户抢劫，量刑起点确定为 11 年 6 个月；1 件为金额达到 20 万元，确定量刑起点为 15 年；1 件金额为 1.2 万元，确定量刑起点为 10 年；另外 10 件，根据金额变化（88 ~ 2800 元）确定的量刑起点幅度为 3 ~ 5 年不等。其中，未成年人抢劫的量刑起点明显低于成年人的量刑起点（未成年人共有 3 人抢劫，最高金额为 1474 元，量刑起点也仅仅被确定为 3 年 3 个月，另外 2 人为 3 年）。这说明，审判未成年人案件的法官受到日常量刑思维习惯的影响较为严重，对于行为人的主观恶性往往会不自觉地进行重复评价。被告人多次在同一区域盗窃所造成的不良社会影响应该作为增加刑罚量、确定基准刑的情节予以评价。转化型抢劫中抗拒抓捕的恶劣程度应该在量刑情节评价中予以充分考量。

2. 盗窃罪的量刑方法类型化的规范

盗窃罪是指秘密窃取公私财物，数额较大或多次盗窃公私财物的行为，但行为人主观上必须以非法占有为目的。据此，盗窃罪的基本犯罪构成事实分为两种情况：一是盗窃公私财物数额较大的；二是多次盗窃公私财物的。具备两者之一的，都可以认定为盗窃罪。因此，盗窃的数额和次数就是盗窃罪客观方面的基本犯罪构成事实。以数额成立盗窃罪的情形中，如果没有盗窃数额或盗窃数额达不到较大标准的，就不构成盗窃罪。同时，不是所有的盗窃数额和次数都是基本犯罪构成事实，以次数为构成要件的盗窃案件中，超出司法解释规定的次数也可以认定为基本犯罪构成事实之外的犯罪事实。根据《量刑指导意见》的规定，确定盗窃犯罪案件量刑起点和基准刑的主要方式主要有三种。一是数额较大而成立犯罪的，根据数额的大小确定量刑起点；二是以次数成立犯罪或成立加重犯罪构成的，根据次数、数额和反映加重构成的情节严重、特别严重情形确定量刑起点；三是以数额和情节综合确定量刑起点。对于第一种情形，根据刑法及相关司法解释的规定，盗窃犯罪数额的大小是盗窃行为的社会危害性的最主要和最直接的反映。司法解释将盗窃数额较大、数额巨大和数额特别巨大的都予以明确，这样，盗窃罪的数额又分为3个区间，数额较大至数额巨大、数额巨大至数额特别巨大、数额特别巨大以上，这3个区间反映了盗窃罪的不同危害性，其所对应的法定刑也分别为盗窃罪法定刑的3个档次：3年以下有期徒刑、拘役或管制，并处或单处罚金；3年以上10年以下有期徒刑，并处罚金；10年以上有期徒刑或无期徒刑，并处罚金或没收财产。[①]

甲区人民法院试行期间审结的案件中，在所有150件盗窃案件中，被告人被判处3年以下有期徒刑的案件有78件。其中盗窃数额在1000~2000元之间的案件有36件，量刑起点集中在6~10个月（共29件），个别的也有1年、1年6个月或1年8个月的情况（主要是因为被告人羁押时间过长）。盗窃数额为2000~4000元的有45件，量刑起点集中在10个月和12个月（其中，10个月的有12件、12个月的有13件、7个月的有4件、8个月的有4件、9个月的有4件、13个月的有2件、14个月的有1件）。盗窃数额在4000~6000元之间的27件，量刑起点主要集中在1年6个月（其中，1年6个月的有11件，1年的有5件，1年3个月的有6件，1年4个月的有2件，1年5个月的有1件）。盗窃数额在6000~8000元之间的16件，量刑起点集中在1年11个月至2年1个月（其中，1年11个月至2年1个月的共12件，2年2个月的有2件，2年6个月的有1件）。盗窃数额在8000~10000元之间的为7件，量刑起点集中2年6个月（共3件）。盗窃数额在10000~20000元之间的为7件，量刑起点集中在3年（共5件）。盗窃数额在20000~30000元之间的为2件，量刑起点集中在4年至4年6个月。盗窃数额在30000~40000元之间的为1件，量刑起点为7年。盗窃数额在50000~60000元之间的2件，量刑起点集中在9年。盗窃数额在60000~100000元之间的2件，量刑起点集中在10~11年。盗窃数额在100000元以上的1件，量刑起点为12年。

从上述量刑起点的确定上看，该院法官在确定量刑起点时基本是按照

---

① 参见熊选国：《〈人民法院量刑指导意见〉与“两高三部”〈关于规范量刑程序若干问题的意见〉理解与适用》，法律出版社2010年版，第293页。

犯罪数额的大小进行的。容易出现分歧的是犯罪数额为4千元以下的案件，以及6万元以上的案件。另外，在3万~4万元之间确定的量刑起点与2万~3万元之间确定的量刑起点的差距较大。可见，法官在这3个犯罪数额区间的量刑起点确定上，并不容易达成一致。同时，笔者发现，法官对于量刑起点的选择，并不仅仅受到犯罪数额的影响，也受到被告人被羁押的时间长短（尤其在犯罪数额较少的情况下，如果量刑起点按照规范确定，往往少于已羁押时间）、被告人是否为未成年人、退赔情况、认罪情况等量刑情节的影响。而在适用这些量刑情节进行调整时，又会再次使用这些情节（法官在判断时往往难以排除重复评价的影响）。

有观点认为，在不考虑其他情节的情况下，盗窃犯罪的数额大小与法定刑幅度之间存在一种隐含的对立关系。事实上，在很多情况下不能仅根据盗窃数额来进行量刑，司法解释将多次盗窃解释为一年内入户盗窃或者在公共场所扒窃3次，因此，盗窃3次但数额没有达到较大的情况下，量刑的起点也应当与盗窃数额较大的起点一致。如果是数额较大并具备其他严重情节时，其量刑起点应当在与数额巨大相一致的法定刑幅度内确定量刑起点；在数额巨大并具备其他特别严重的情节时，其量刑起点应当在与数额特别巨大相一致的法定刑幅度内确定量刑起点。这种确定量刑起点方式隐含了其他严重情节与数额巨大、其他特别严重情节之间的转换，依据这种转换确定量刑起点是对盗窃罪社会危害性正确评价的必然。[①] 笔者认为，对于盗窃案件的量刑起点，有必要在1000元至1万元之间，以2千元为一个计算单位，细化明确分布的量刑起点；在1万~6万元之间，有必要以1万元为计算单位，细化明确分布的量刑起点；在6万元以上的，有必要以5万元为一个单位，细化明确分布的量刑起点。

对于多次盗窃，《量刑指导意见》中并未体现。笔者认为，对于多次盗窃的，应结合盗窃数额，每增加一次增加量刑起点的5%~10%。

3. 诈骗罪的量刑方法类型化的规范

诈骗罪是指采用虚构事实或隐瞒真相的方法，骗取数额较大的公私财物的行为，并且必须以非法占有为目的。本罪的犯罪对象是国家、集体或个人的财物，但不包括骗取其他非法利益；本罪客体是公私财物的所有权；本罪客观方面表现为虚构事实或隐瞒真相方法，使被害人自愿交出财

---

① 参见常文静：《盗窃罪的量刑规范化问题研究》，硕士学位论文，辽宁大学，2011年，第31页。

物的行为，但这种自愿是由于错误认识作出的选择，而不是真正的自愿；犯罪主体为一般主体。

数额较大是诈骗罪的必要条件，在确定量刑起点时，首先要考虑的就是诈骗犯罪数额。按照《最高人民法院关于审理诈骗案件具体应用法律的若干问题的解释》（简称《诈骗案件司法解释》）规定，个人诈骗公私财物2千元以上的，属于“数额较大”；个人诈骗公私财物3万元以上的，属于“数额巨大”。根据《量刑指导意见》规定，达到数额较大起点的，可以在3个月拘役至6个月有期徒刑幅度内确定量刑起点；达到数额巨大起点或者有其他严重情节的，可以在3~4年有期徒刑幅度内确定量刑起点。“其他严重情节”包含了“犯罪数额”和“其他情节”两个要素，并且犯罪数额还没有达到数额巨大的标准。正是因为具有其他严重情节，才使得其刑罚档次和“数额巨大”情形处于同一个法定刑幅度。诈骗公私财物数额特别巨大或者有其他特别严重情节的量刑起点。根据《诈骗案件司法解释》的规定，个人诈骗公私财物20万元以上的，属于诈骗数额特别巨大。诈骗数额作为影响犯罪构成的其他犯罪事实之一，其数额大小直接影响到基准刑的确定。同时，诈骗次数也可以作为增加基准刑的犯罪事实。对于诈骗罪，在量刑起点的基础上，按照犯罪数额的增加来增加刑罚量，确定基准刑。对于数额较大的情况，将实际犯罪数额减去数额较大的标准值后作为增加的基准值。

甲区人民法院试行期间审结的案件中，从统计的16名诈骗罪被告人的量刑情况来看，该法院基本是按照诈骗金额对应的刑期来确定量刑起点。但是，也有6人确定的量刑起点比《量刑指导意见》规定的标准偏重。这主要集中在羁押时间较长，而犯罪金额不足1万元的情形上，共有6件。另外一起是诈骗金额为10万元并全部退赔的案件，确定的量刑起点为10年，而最终刑罚（存在自首、认罪、退赔等因素）为4年。出现这种情况，主要是因为在5万~20万元之间，其中有10万元以上未退赔的要在10年以上量刑的情形，因此把握起来较为混乱。应该说明的是，该法院法官在20万~400万元之间，一般把握在20万元以上的量刑起点是11年、50万元左右是12年、100万元左右的是13年、200万元是14年、300万元是15年。之所以20万元的量刑起点设定为11年，是因为该法院很多法官都将是否退赔作为非常重要的量刑因素，如果被告人没有退赔，量刑起点一般比《量刑指导意见》规定的标准要高，并认为这样才能体现出退赔对被告人可以从轻处罚的情形，否则退赔不能体现从轻，不利于鼓励退赔。笔者认为，依据前述规定，实践中案发前退赔的，一般应不作为犯罪处理。

4. 抢夺罪的量刑方法类型化的规范

抢夺罪是指，以非法占有为目的，乘人不备，公然夺取数额较大的公私财物，但未使用暴力或胁迫的行为。“未使用暴力或胁迫”是抢夺罪区别于抢劫罪的主要特征。“公然夺取”是区别抢夺罪和盗窃罪的主要界线。抢夺公私财物，如果数额较大，即构成抢夺罪。情节特别严重的，主要指抢夺财物数额特别巨大的；抢夺救灾款物、军用物资，后果特别严重的，则从重量刑。本罪侵犯的客体是公私财产的所有权。犯罪的对象仅限于有形的动产的公私财物。客观方面表现为乘人不备，公然夺取数额较大的公私财物的行为。犯罪的主体是一般主体，即年满 16 周岁并具有刑事责任能力的自然人。主观方面是故意，且具有非法占有的目的。过失不构成本罪。

根据《量刑指导意见》规定，达到数额特别巨大或者具有其他特别严重情节的，量刑起点为 10 ~ 12 年的有期徒刑幅度内确定一个点；达到数额巨大或者具有其他严重情节的，量刑起点为 3 ~ 4 年的有期徒刑幅度内确定一个点。有观点认为，把抢夺数额刚刚超过巨大或特别巨大起点的量刑起点确定在法定最低刑，刑期太低，不利于鼓励被告人认罪、改造，应在规定的有期徒刑幅度内确定较高的刑期作为量刑起点。笔者认为，在司法实践中，法官要根据案情和当地具体的经济、治安等状况选择适当的量刑起点，而不能在《量刑指导意见》规定的幅度内任意确定一个点。《量刑指导意见》规定的过于具体详尽，不利于法官根据具体情形量刑。根据《最高人民法院关于审理抢夺刑事案件具体应用法律若干问题的解释》（简称《抢夺案件司法解释》）第 4 条规定，抢夺公私财物，数额接近本解释第一条第（二）项、第（三）项规定的“数额特别巨大”“数额巨大”标准的，并具有《抢夺案件司法解释》第二条规定情形之一的，可以分别认定为“其他严重情节”或者“其他特别严重情节”。抢夺罪的其他严重情节或其他特别严重情节是根据数额与情节的方式来确定的，因此，如果根据确定量刑起点的剩余抢夺数额和所具有的 4 种情形增加刑罚量得到的刑期，超过本法定刑幅度内的最高刑，可以根据《抢夺案件司法解释》第 4 条规定，允许在上一法定幅度内量刑。

甲区人民法院试行期间审结的抢夺案件的4名被告人中，量刑起点分布在6个月至5年，犯罪金额分布在2000元至18000元。对比《量刑指导意见》的规定，该院法官在确定量刑起点上，其中2人明显偏重。该院法官一般认为“两抢”案件是重点打击对象，对抢夺案件的量刑，同样的金额，要重于盗窃罪。同时，在抢夺罪中，对于犯罪次数的评价要明显重于盗窃罪，因为抢夺罪显示出比被盗窃罪重的主观恶性。笔者认为，抢夺罪的量刑起点规定，应该略高于盗窃罪。

5. 敲诈勒索罪的量刑方法类型化的规范

敲诈勒索罪是指，以非法占有为目的，对财物所有人或保管人以将要实施暴力或其他损害行为进行威胁讹诈，非法索取公私财物，数额较大的行为。本罪侵犯的客体是双重客体，不仅仅是公私财产的所有权，还有公民的人身权利。侵犯的对象是财物或财产性利益。本罪的客观方面表现为以对被害人实施暴力或其他损害行为进行威胁讹诈的方法，索取财物的行为。本罪的主体为一般主体，即年满16周岁并具有刑事责任能力的人。本罪的主观方面是直接故意，并有非法占有的目的。对敲诈勒索犯罪的量刑，首先是确定量刑起点。

第一，对数额较大类型敲诈勒索犯罪的量刑起点的确定。根据《量刑指导意见》规定，达到数额较大起点的，可以在3个月拘役至6个月有期徒刑幅度内确定量刑起点。《刑法》第274条规定，敲诈勒索公私财物，数额较大的，处3年以下有期徒刑、拘役或者管制。根据上述规定，法官在审理案件时，应在3个月拘役至6个月有期徒刑之间选择一个点，并根据犯罪数额大小，对被害人的危害程度，对社会的影响大小等因素确定量刑起点。

第二，对数额巨大类型敲诈勒索犯罪的量刑起点的确定。根据《量刑指导意见》规定，达到数额巨大起点或者有其他严重情节的，可以在3～4年有期徒刑幅度内确定量刑起点。《刑法》第274条规定，敲诈勒索公私财物，数额巨大的，处3～10年以下有期徒刑。根据上述规定，法官在审理案件时，应在3～4年有期徒刑之间选择一个合适的点来确定量刑起点。这个“合适的点”不是盲目自由选择，要根据案情、当地社会治安状况等各种因素综合考量。

第三，对有其他严重情节类型的敲诈勒索犯罪的量刑起点的确定。由于敲诈勒索犯罪有“其他严重情节”的认定并没有司法解释，《量刑指导意见》对此也没有规定相应的量刑起点。在司法实践中的做法同样千差万别。笔者认为，在确定有“其他严重情节”类型的敲诈勒索犯罪的量刑起点时，需要将犯罪数额与情节及刑事政策等综合考虑。一般情况下，数额较大加之多次敲诈勒索，并造成严重后果等因素时，应认定为有其他严重情节。由于《量刑指导意见》对此只作了原则性规定，在司法实践中，对于增减刑罚量的问题做法各种各样，没有统一标准。笔者认为，在具体案件中，选择量刑起点，增加刑罚量、确定基准刑，并根据具体案情对基准刑进行调节，特别是量刑事实与定罪事实相互交叉时，要避免重复评价的情况。例如，如果数额较大，又有其他严重情节，如果再选择量刑起点时已经考虑了“其他严重情节”，那么在增加刑罚量、确定基准刑时就不能再予以评价，否则就属于重复评价。

甲区人民法院试行期间审结的敲诈勒索犯罪案件的 12 名被告人中，量刑起点分布在 8 个月至 5 年，金额分布在 3200 元至 5 万元。如果纯粹从金额对比刑期来分析，反映出的问题是，该法院大多数法官对 3 年以下的量刑起点把握要略高于《量刑指导意见》规定（共有 5 人起点偏重）。另外，对于 3 年以上的量刑起点，由于敲诈勒索的数额巨大没有上限，导致法官对于如何确定金额之间的差距所对应的幅度没有依据可循，这成为确定量刑起点的一个难点。之所以该法院法官在 3 年以下的量刑起点确定偏重，是因为法官们考虑到手段的恶劣程度所反映出的主观恶性要重于盗窃罪，在对应刑期时一般考虑增加一定程度的刑期来确定量刑起点。因此，笔者认为，确定敲诈勒索罪的量刑起点要略高于金额所对应的刑期。

6. 职务侵占罪的量刑方法类型化的规范

职务侵占罪，是指公司企业或者其他单位的人员，将本单位财物占为己有，但必须是利用职务之便，同时所侵占的财物必须达到数额较大的起点，该行为即构成职务侵占罪。职务侵占罪的主体为特殊主体，即公司、企业或者其他单位的人员才能构成，从事公务的国家工作人员不构成本罪。根据有关司法解释规定，村民小组组长将村民集体财产占为己有，或国有资本控股、参股的股份有限公司中从事管理工作的人员，但不属于国家工作人员，将本单位财物非法占为己有，也可以成为本罪的主体。主观方面是故意，并且具有非法占有目的。本罪的客体是公私财产的所有权。侵犯的对象必须是行为人所在单位的合法财物。客观方面表现为利用职务之便，将本单位合法财物非法占为己有，数额较大的行为。根据《最高人民法院关于办理违反公司法受贿、侵占、挪用等刑事案件适用法律若干问题的解释》第2条第3款规定，侵占单位财物5000元至2万元以上的属于数额较大；侵占单位财物10万元以上的，属于数额巨大。

第一，对职务侵占数额较大类型的量刑起点。职务侵占罪属于数额型犯罪，而非情节型犯罪，其社会危害性主要体现在数额上，依照《量刑指导意见》规定，被告人达到数额较大起点的，可以在3个月拘役至1年有期徒刑幅度内确定量刑起点。《刑法》第271条的规定，犯职务侵占罪，数额较大的，处5年以下有期徒刑或者拘役。由于现行的司法解释对于数额较大起点的标准仅规定一个幅度，即5000元至2万元以上，因此，各地高级人民法院分别制定出不同标准，导致在司法实践中执行“数额较大”的标准不一，不仅造成司法混乱，同时也超越了权限。笔者认为，最高人民法院应以犯罪数额为基础出台相应的司法解释确定出罪责刑相一致的量刑起点。

第二，职务侵占罪数额巨大的量刑起点。按照《刑法》第271条规定，数额巨大的，处5年以上有期徒刑，可以并处没收财产。根据《最高人民法院关于办理违反公司法受贿、侵占、挪用等刑事案件适用法律若干问题的解释》第2条第3款规定，数额巨大的标准为侵占单位财物10万元以上的。《量刑指导意见》规定，职务侵占达到数额较大的起点的，可以在5~6年有期徒刑幅度内确定量刑起点。

甲区人民法院试行期间审结的职务侵占犯罪案件的8名被告人中，其中有4名被告人的犯罪金额在1.8万~5万元之间，量刑起点分布在1年2个月至2年4个月，与《量刑指导意见》要求的根据金额对照刑期确定量刑起点的要求基本一致。但是，在另外4名被告人中，金额在16万至360万元之间，量刑起点分布在7年8个月至16年。其中一起金额为45万元的案件，量刑起点确定为11年7个月。这说明，该院法官对职务侵占罪犯罪金额在10万元以上的量刑档次的量刑起点确定过高。这也是由于职务侵占罪最多只能判处15年有期徒刑造成的，在这种情况下，法官没有参照意见以确定各种金额之间的量刑起点的差距。笔者建议，以100万元（高于数额巨大10万元的10倍）量刑起点为10年作为参考标准比较合适。

二 侵犯公民人身权利罪量刑方法类型化的规范

侵犯公民人身权利，是指侵犯公民的生命权和健康权。公民的民主权利，是指公民依法享有的选举权、被选举权、通信自由权等。《刑法》将侵犯公民人身权利、民主权利罪规定为第四章，从第232条至262条，共31个条文，36个罪名；《刑法修正案（四）》第4条和《刑法修正案（六）》第17条各增设了一个罪名，共计33个条文，38个罪名。本章主要包括以下罪名：故意杀人罪，故意伤害罪，非法拘禁罪，刑讯逼供罪，绑架罪，强奸罪，猥亵、侮辱妇女罪，拐卖妇女、儿童罪，破坏选举罪，虐待家庭成员罪，暴力干涉他人婚姻自由罪等。本罪侵犯的客体是公民的人身权利和民主权利，人身权利主要包括公民的生命权、健康权、性的不可侵犯权、人身自由权、人格名誉权等。公民的民主权利，是指公民所享有的管理国家和参加正常的社会活动的权利，民主权利主要包括选举权和被选举权、控告权、批评权、申诉权、检举权等。本罪在客观方面表现为各种非法侵犯人身权利以及与人身、民主直接有关的权利。本罪的主体多数只能是自然人，少数也可以是单位。本罪在主观方面，除了过失致人死亡罪和过失致人重伤罪由过失构成外，其他罪均由故意构成。为了保持与《量刑指导意见》所涉罪名一致，笔者就以下3个罪名进行分析。

1. 故意伤害罪的量刑方法类型化的规范

故意伤害罪是指故意伤害他人身体健康的行为。本罪的客体是指，他人的身体健康。本罪的客观方面是指实施了非法损害他人身体的行为。本罪的主体是一般主体，即凡是达到刑事责任年龄，并且具备刑事责任能力的自然人均构成犯罪。主观方面为故意，既包括直接故意，也包括间接故意。不过，如果是故意伤害致人死亡，行为人在主观方面上既存在故意又存在过失，也就是说，针对伤害罪主观上是故意，针对致人死亡主观上是过失。

《刑法》第234条规定，“故意伤害他人身体的，处三年以下有期徒刑、拘役或者管制；致人重伤的，处三年以上十年以下有期徒刑；致人死亡或者以特别残忍手段致人重伤造成严重残疾的，处十年以上有期徒刑、无期徒刑或者死刑。”这3个不同的法定刑幅度，每一个法定刑幅度都对应不同的犯罪构成事实。根据《量刑指导意见》规定，伤害的程度不同，对被告人规定的量刑起点也不同，被告人犯故意伤害罪，致一人轻伤的，可以在6个月至1年6个月有期徒刑幅度内来确定量刑起点。因为该法定刑幅度内的故意伤害犯罪构成要件比较单一，所以只需要确定一个量刑起点。故意伤害致人重伤的，处3年以上10年以下有期徒刑。以一般手段故意伤害他人身体致一人重伤即构成该法定刑幅度内故意伤害犯罪基本犯罪构成事实。并且，基本犯罪构成事实中所说的重伤是假定不考虑任何伤残程度，只是达到重伤标准。根据《量刑指导意见》规定，故意伤害致一人重伤的，可以在3~4年有期徒刑幅度内确定量刑起点。故意伤害致人死亡或者以特别残忍手段致人重伤造成严重残疾的，处10年以上有期徒刑、无期徒刑或者死刑。因此，故意伤害致一人死亡或者以特别残忍手段致一人重伤造成严重残疾的构成该法定刑幅度内的基本犯罪事实。

据调研，甲区人民法院试行期间审结的故意伤害犯罪案件中，轻伤害案件共有7件，量刑起点集中在8个月至1年。重伤害案件共有2件，量刑起点集中在3年至3年6个月。对于故意伤害罪的量刑起点，未成年人审判庭的法官往往确定量刑起点较低，而普通审判庭的法官往往确定较高的量刑起点。可见，法官受到日常量刑思维习惯的影响较为严重，对于行为人主观恶性的评价往往会不自觉地进行重复评价。

2. 强奸罪的量刑方法类型化的规范

强奸罪是指违背妇女意志，使用暴力、胁迫或者其他手段，强行与妇女发生性交，或者与不满14周岁的幼女发生性关系的行为。1997年《最高人民法院关于执行〈中华人民共和国刑法〉确定罪名的规定》，将《刑法》第236条第1款确定为强奸罪的罪名，将该条第2款的行为，确定为强淫幼女罪的罪名。2002年《最高人民法院、最高人民检察院关于执行〈中华人民共和国刑法〉确定罪名的补充规定》，将第236条第2款规定的奸淫幼女行为确定为强奸，取消了奸淫幼女罪的罪名。本罪侵犯的客体是妇女性的不可侵犯的权利或幼女的身心健康。客观方面表现为行为人以暴力、威胁或者其他使年满18周岁的成年妇女和14周岁以上不满18周岁的少年不能抗拒、不敢抗拒、不知抗拒的手段，违背她们的意志，强行与之发生性交的行为。对于幼女，一般来说，无论行为人采用什么手段，也不论被害幼女是否同意或是否抗拒，只要与幼女发生了性行为，就构成犯罪。本罪的主体主要是年满14周岁的男子。主观方面要求是直接故意。

第一，3年以上10年以下法定刑的量刑起点。《量刑指导意见》规定，强奸妇女、奸淫幼女一人一次的，可以在3～5年有期徒刑幅度内确定量刑起点。根据上述规定，3年以上10年以下法定刑的量刑起点，具体到个案，既可以是3年有期徒刑，也可以是5年有期徒刑。但是，在法定范围内，无论是几年，该量刑起点对应的基本犯罪构成事实只有一个，即强奸一人一次，将量刑起点确定为是3年、4年或是5年，要根据具体案情确定。

第二，10年以上法定刑的量刑起点。依法应当判处无期徒刑以上刑罚的除外。这是10年以上有期徒刑、无期徒刑或死刑法定刑幅度内的量刑起点。该量刑起点幅度对应的基本犯罪构成事实并不是一个，而是多个，一般都在10年至12年有期徒刑内确定量刑起点。需要注意的是，在给强奸罪量刑时，应避免重复评价，犯罪手段、犯罪对象、结果加重都已经作为犯罪事实进行了评价，不得再作为量刑事实进行评价。

甲区人民法院试行期间审结的强奸犯罪案件的20名被告人中，量刑起点的幅度分布在3年4个月至7年6个月，其中较为集中的是3年6个月至5年6个月有期徒刑，共有14人；3年6个月以下的有2人（均为3年4个月）；5年6个月以上的共有4人。可见，该院法官对强奸罪的量刑起点设定较《量刑指导意见》规定的3～4年要高。同时，该院法官对强奸未遂的减轻幅度大多选择在30%这个最低的比例，也说明法官对强奸罪的量刑较重，因此，笔者认为，可将一般性强奸罪的量刑起点设定在3年6个月至5年6个月间。

在强奸罪中，被害人是否谅解对于社会危害性的降低非常重要，建议减少量刑起点的30%以下。如果被害人要求严惩，也应该考虑增加量刑起点的10%以下。强奸罪中，对被害人为单人多次的增加幅度，如果与多人一样的话，就会造成刑罚过重的问题。比如，因恋爱关系破裂多次强奸的案件，因恋爱关系破裂而减少10%、认罪减10%、赔偿并获得谅解减少20%，量刑起点选择较低的3年8个月，最终判决3年6个月，而3次强奸仅增加了2年。如果按照规范，要增加至少6年，如果最低量刑为3年的话，量刑起点就要选择为－1年，这显然不合理。因此，对被害人单人多次的，每次可以选择增加2年以下有期徒刑。

3. 非法拘禁罪的量刑方法类型化的规范

非法拘禁罪是指以非法扣押、关押或者其他方法剥夺他人人身自由的行为。本罪的客体是他人的人身自由。客观方面是指以非法扣押、关押或者其他方法剥夺他人人身自由的行为。主体是一般主体，即年满 16 周岁，具备刑事责任能力的人均可构成本罪。主观方面由故意构成，并且以非法剥夺他人人身自由为目的。

第一，非法拘禁未造成伤害后果的量刑起点。《量刑指导意见》规定，未造成伤害后果的，可以在 3 个月拘役至 6 个月有期徒刑幅度内确定量刑起点；《量刑指导意见》确定的量刑起点是一个幅度，在司法实践中，各地高级人民法院都制定出了自己的实施细则，有的制定出一个幅度，有的制定出一个点，较为混乱，刑事法官无从下手，他们只能又重操估堆量刑的方法，只不过比以前的自由裁量范围要小而已。

第二，非法拘禁致一人重伤的量刑起点。《量刑指导意见》规定，致一人重伤的，可以在 3 ~ 4 年有期徒刑幅度内确定量刑起点。《量刑指导意见》确定的量刑起点同样也是一个幅度，在司法实践中，各地高级人民法院都制定的实施细则也较为混乱，同样的案件刑事法官却量刑各异。

第三，非法拘禁致一人死亡的量刑起点。《量刑指导意见》规定，致一人死亡的，可以在 10 ~ 12 年有期徒刑幅度内确定量刑起点。《量刑指导意见》确定的量刑起点同样也是一个幅度。笔者认为，在法定刑幅度内确定量刑起点，应当考虑该犯罪的基本构成事实，该事实以外的手段、情节可以作为个案确定基准刑考虑的范畴。

非法拘禁犯罪确定基准刑，必须从以下方面考虑，即从重或加重的时间要素是建立在基本构成时间的基础之上的，是危害行为及其不法状态在持续一定的时间而构成犯罪之后所持续的时间。就非法拘禁犯罪而言，如果其客观行为在持续一定时间构成犯罪之后依然持续的，持续时间的长短是确定基准刑的重要因素。审判实践中，非法拘禁行为持续的时间越长，被告人的罪行越重；非法拘禁时间短，情节轻微、危害不大，不需要刑事处罚的，可免予刑事处罚。

据调研，甲区人民法院自 2010 年 12 月至 2011 年 12 月审结的非法拘禁犯罪案件的 9 名被告人中，量刑起点分布在 2 个月至 15 个月，其中 6 个月以上的有 6 名被告人，而 10 个月至 11 个月的有 4 名，6 个月以下的只有 3 名。这说明该区法院的法官对非法拘禁的量刑起点设定较高，一般为 6 个月至 1 年有期徒刑。如果《量刑指导意见》一样设定 3 个月至 6 个月，在实践中，将会因为羁押时间过长而无法量刑。

三 妨害社会管理秩序罪量刑方法类型化的规范

妨害社会管理秩序罪，是指危害国家机关的管理活动，破坏公共秩序、历史文化遗产、公共卫生、环境自然资源以及危害公共健康和社会风化的犯罪行为。本罪侵犯的客体是国家对社会公共生活秩序以及环境自然资源的管理活动。客观方面为具有危害国家机关的管理活动，破坏社会秩序、环境自然资源的行为。客观方面大多以情节严重或者造成较为严重的结果为必要条件。在主观方面，大多数犯罪必须是故意，少数犯罪主观方面为过失。本罪中的多数犯罪为一般主体，少数犯罪为特殊主体，其中一些犯罪的主体既可以是自然人也可以是单位。本罪从《刑法》第277条至第367条，共91个条文，119个罪名；《刑法修正案（三）》第8条增设了两个罪名，《刑法修正案（四）》第6条增设了一个罪名，《刑法修正案（六）》第18条增设了一个罪名，共计94个条文，123个罪名，对妨害管理秩序罪作出了规定。刑法分则具体包括了9小类妨害社会管理秩序的犯罪：扰乱公共秩序罪，妨害司法罪，妨害国（边）境管理罪，妨害文物管理罪，危害公共卫生罪，破坏环境资源保护罪，走私、贩卖、运输、制造毒品罪，组织、强迫、引诱、容留、介绍卖淫罪，制作、贩卖、传播淫秽物品罪。为了保持和《量刑指导意见》所涉罪名一致，笔者仅就以下5个罪名进行分析。

1. 妨害公务罪的量刑方法类型化的规范

妨害公务罪是指以暴力、威胁的方法，阻碍国家机关工作人员、人民代表大会、红十字会工作人员依法执行职务、履行职责的行为，或者故意阻碍国家安全机关、公安机关依法执行国家安全工作任务，造成严重后果的行为。根据《刑法》第227条的规定，构成妨害公务罪的处三年以下有期徒刑、拘役、管制或者罚金。本罪由1979年《刑法》第157条作出规定。1997年《刑法》第277条对罪状作出修改和补充。本罪侵犯的客体是复杂客体，即国家机关、人民代表大会、红十字会的公务活动。本罪侵犯的对象：一是执行职务的国家机关工作人员，二是依法履行代表职务的全国人民代表大会和地方各级人民代表大会代表。

客观方面表现为以暴力、威胁方法，阻碍国家机关工作人员依法执行职务，或者以暴力、威胁方法阻碍国家机关工作人员、人大代表、红十字会工作人员依法执行职务或履行职责的行为。主体为一般主体，即已满16周岁，具有刑事责任能力的自然人均可成为本罪的主体。主观方面只能由故意构成。确定合理的量刑起点是实现罪责刑相适应的前提。《量刑指导意见》规定，根据基本犯罪构成事实在相应的法定刑幅度内确定量刑起点，妨害公务罪的量刑起点所依据的是基本犯罪构成事实，而不是案件的具体事实。如果妨害公务行为情节一般，造成的社会影响较小，未造成轻微伤以上后果就可能与妨害公务造成较大的社会影响或严重后果的量刑起点有差别。就具体的案件确定量刑起点时，应当对具体的妨害公务案件是否属于妨害公务造成较大影响或严重后果作出界定，再根据实际情况确定相应的量刑起点。妨害公务罪是情节犯，在确定量刑起点时，一般应在一个较小的幅度区间内进行选择。

甲区人民法院试行期间审结的妨害公务案件的7名被告人中，量刑起点分布在5个月至10个月，其中8个月的有3人。可见，该区法院的法官确定妨害公务罪的量刑起点要高于《量刑指导意见》规定的6个月。笔者建议，妨害公务罪的量刑起点以8个月为宜。

2. 聚众斗殴罪的量刑方法类型化的规范

聚众斗殴罪，是指出于寻求刺激、争霸一方或报复他人等动机，而实施纠集多人进行斗殴，严重扰乱社会公共秩序的行为。《刑法》第292条规定的聚众斗殴罪，属于刑法分则第六章第一节扰乱公共秩序罪中的个罪，其侵犯的客体是社会管理秩序中的公共秩序。客观方面表现为团伙之间相互斗殴的行为。本罪的主体是聚众斗殴的首要分子和其他积极参与者。主观方面是故意，并且是直接故意。

第一，构成聚众斗殴罪，犯罪情节一般的量刑起点。量刑起点是根据基本犯罪构成事实在相应的法定刑幅度内确定的量刑起算点，聚众斗殴罪的社会危害性一般体现在聚众斗殴致人员伤亡和社会影响等方面。根据《刑法》第292条规定，聚众斗殴的，对首要分子和其他积极参加的，处3年以下有期徒刑、拘役或者管制。《量刑指导意见》给出的量刑起点是在6个月至1年6个月有期徒刑。在司法实践中，一般是从犯罪后果的角度不同认定，如果聚众斗殴一次，犯罪情节一般的，量刑起点为1年有期徒刑。

第二，构成聚众斗殴罪犯罪情节严重的量刑起点。《刑法》第292条规定，“有下列情形之一的，对首要分子和其他积极参加的，处三年以上十年以下有期徒刑：（一）多次聚众斗殴的；（二）聚众斗殴人数多，规模大，社会影响恶劣的；（三）在公共场所或者交通要道聚众斗殴，造成社会秩序严重混乱的；（四）持械聚众斗殴的。聚众斗殴，致人重伤、死亡的，依照本法第二百三十四条、第二百三十二条的规定定罪处罚”。根据《量刑指导意见》规定，有下列情形之一的，可以在3~4年有期徒刑幅度内确定量刑起点：聚众斗殴3次的；聚众斗殴人数多，规模大，社会影响恶劣的；在公共场所或者交通要道聚众斗殴，造成社会秩序严重混乱的；持械聚众斗殴的。在司法实践中，聚众斗殴罪犯罪情节严重的量刑起点一般认定为《量刑指导意见》规定的中间点即3年6个月，目的是便于操作。

甲区人民法院试行期间审结的聚众斗殴案件的10名被告人中，量刑起点分布在9个月至5年6个月，基本是按照对方受伤程度、人数、是否持械来确定量刑起点，与《量刑指导意见》规定的基本一致。唯一的量刑起点偏轻的是一起未成年被告人案件，持械的量刑起点确定为22个月。

3. 寻衅滋事罪的量刑方法类型化的规范

寻衅滋事罪，是指在公共场所无事生非，起哄闹事等情节严重的行为。本罪的客体是社会公共秩序。客观方面表现为寻衅滋事，情节恶劣或情节严重的行为。主体为一般主体。主观方面是故意。

《刑法》第293条规定：“有下列寻衅滋事行为之一，破坏社会秩序的，处五年以下有期徒刑、拘役或者管制：（一）随意殴打他人，情节恶劣的；（二）追逐、拦截、辱骂他人，情节恶劣的；（三）强拿硬要或者任意损毁、占用公私财物，情节严重的；（四）在公共场所起哄闹事，造成公共场所秩序严重混乱的”。根据《量刑指导意见》规定，构成寻衅滋事罪的，可以在3个月拘役至1年有期徒刑幅度内确定量刑起点。在量刑起点的基础上，可以根据寻衅滋事次数、伤害后果、强拿硬要他人财物或任意损毁、占用公私财物数额等其他影响犯罪构成的犯罪事实增加刑罚量、确定基准刑。该量刑起点空间较大，在司法实践中自由裁量的空间较大。因为寻衅滋事的基本犯罪构成的要素是一种难以量化的情形，无法从数额或次数予以考量，所以在确定量刑起点时应综合考量犯罪的动机、手段等方面。对于寻衅滋事罪在调节基准刑的个罪情节较少，在确定宣告刑时，应尽量发挥法官的自主判断和自由裁量权，综合全案进行评判。

甲区人民法院试行期间审结的寻衅滋事案件的所有 21 名被告人中，量刑起点为 6 个月至 1 年的有 11 人，超过 1 年不到 3 年的有 8 人，3 年以上的有 2 人。可见该区法院的法官对于寻衅滋事罪量刑起点的认识并不统一，很多法官在实践中确定量刑起点高于《量刑指导意见》的规定。

根据《量刑指导意见》规定，寻衅滋事起点刑为有期徒刑 6 个月，但是增加刑罚量的情节只涉及受害人数、伤害结果、次数以及毁损财物价值。对于寻衅滋事案件中关于被告人持械的情节，却没有从重的相关规定。相比之下，持械聚众斗殴的量刑起点为 3 年以上，可能导致刑罚不均衡。有些地区的实施细则中，没有规定寻衅滋事案件造成财物损失如何调节刑期，而建议强拿硬要他人财物或任意损毁、占用公私财物每达到 1000 元，相应增加一个月刑期。

4. 掩饰、隐瞒犯罪所得、犯罪所得收益罪量刑方法类型化的规范

掩饰、隐瞒犯罪所得、犯罪所得收益罪是指，明知是犯罪所得及其产生的收益而予以窝藏、转移、收购、代为销售或者以其他方法掩饰、隐瞒的行为。本罪的客体是司法机关对刑事犯罪进行追究，因此，对司法机关追究犯罪分子刑事责任正常活动的侵犯，是该罪的社会危害性所在。客观方面表现为窝藏、转移、收购、代为销售或者以其他方法掩饰、隐瞒犯罪所得、犯罪所得收益的行为。本罪的主体为一般主体。主观方面是故意。

第一，情节一般的量刑起点。根据《量刑指导意见》规定，构成掩饰、隐瞒犯罪所得、犯罪所得收益罪的，犯罪情节一般的，可以在 3 个月拘役至 6 个月有期徒刑幅度内确定量刑起点。笔者认为，在确定一般情节的量刑起点时，一般要将犯罪的数额、数量和犯罪行为的情节作为主要因素。

第二，情节严重的量刑起点。根据《量刑指导意见》规定，情节严重的，可以在 3 ~4 年有期徒刑幅度内确定量刑起点。当犯罪次数与数额、上游犯罪情形综合时，可以认定为情节严重。上游的犯罪行为较重时，可以作为增加基准刑的量刑情节。在具体处理案件中，选择量刑起点、增加刑罚量、确定基准刑，以及适用情节对基准刑进行调节时，特别是一些定罪事实与量刑事实相互交叉，要防止对情节的重复评价。

甲区人民法院试行期间审结的掩饰、隐瞒犯罪所得案件的 7 名被告人中，量刑起点分布在 12 个月至 7 年 4 个月，金额分布在 3000 元至 112 万元。从形式上看，量刑起点均超过了《量刑指导意见》要求的 6

个月至1年的起点。从具体情况看，虽然基本把握了金额与刑期的对应关系，但是这种关系并不是非常紧密，如3000元对应的是12个月，1.4万元对应的却是13个月，而3.5万元对应的是1年10个月，3.8万元对应的却是1年3个月。另外，有一起金额达112万元的案件，量刑起点经过反推竟然达到7年4个月。可见，该区法院法官不仅对此类罪量刑起点设定较高，而且较为混乱，容易产生刑罚不均的问题。在情节严重这个情节上，由于缺乏司法解释的指导，确定量刑起点较为困难，容易导致刑罚过重、刑罚不均的问题出现。分析原因可见，这在很大程度上是因为本罪被告人与上游犯罪一并起诉，从而使被告人羁押时间过长。

5. 走私、贩卖、运输、制造毒品罪的量刑方法类型化的规范

走私、贩卖、运输、制造毒品罪，是指走私、贩卖、运输、制造鸦片、海洛因、甲基苯丙胺、吗啡、大麻、可卡因等毒品的行为。本罪的客体是国家对毒品的管理制度，走私毒品的行为还侵犯了国家对外贸易管理制度。客观方面表现为走私、贩卖、运输、制造毒品的行为。犯罪对象是毒品。无论数量多少，都应当追究刑事责任，予以刑事处罚。犯罪的主体是一般主体。主观方面是故意。走私、贩卖、运输、制造毒品犯罪量刑中的基本事实，是指这类毒品案件中反映犯罪行为社会危害程度的犯罪事实，是体现基本犯罪构成的客观方面的既遂状态事实和犯罪情节轻重程度的事实。

第一，法定刑为3年以下刑罚的量刑起点。《刑法》第347条第4款规定，“走私、贩卖、运输、制造鸦片不满二百克、海洛因或者甲基苯丙胺不满十克或者其他少量毒品的，处三年以下有期徒刑、拘役或者管制，并处罚金”。同时，《量刑指导意见》规定，“走私、贩卖、运输、制造鸦片不满二百克，海洛因、甲基苯丙胺不满十克或者其他少量毒品的，可以在三个月拘役至三年有期徒刑幅度内确定量刑起点”。由于毒品数量不是该法定刑内的基本犯罪构成事实，确定量刑起点时缺乏相应的毒品数量标准。

第二，法定刑为3年以上7年以下有期徒刑的量刑起点。《刑法》第347条第4款规定，“走私、贩卖、运输、制造毒品情节严重的，处三年以上七年以下有期徒刑，并处罚金”。《最高人民法院关于审理毒品案件定罪量刑标准有关问题的解释》第3条规定，“走私、贩卖、运输、制造少量毒品犯罪，情节严重的，法定刑为三年以上七年以下有期徒刑，并处

罚金”。对于这类犯罪，按照《量刑指导意见》规定，可以在 3 ~4 年有期徒刑幅度内确定量刑起点。

第三，法定刑为 7 年以上有期徒刑的量刑起点。根据《刑法》第 347 条第 3 款规定，走私、贩卖、运输、制造毒品数量较大的，法定刑为 7 年以上有期徒刑并处罚金。按照《量刑指导意见》规定，应是 7 ~8 年有期徒刑的量刑起点。但是，在司法实践中，把刚刚达到毒品数量较大的量刑起点确定在法定刑幅度的最低刑偏低，不利于鼓励被告人当庭认罪，适当提高量刑起点确实具有实践意义。

第四，法定刑为 15 年有期徒刑、无期徒刑或者死刑的量刑起点。《刑法》第 347 条第 2 款规定，“走私、贩卖、运输、制造毒品，有下列情形之一的，处十五年有期徒刑、无期徒刑或者死刑，并处没收财产：（一）走私、贩卖、运输、制造鸦片一千克以上、海洛因或者甲基苯丙胺五十克以上或者其他毒品数量大的；（二）走私、贩卖、运输、制造毒品集团的首要分子；（三）武装掩护走私、贩卖、运输、制造毒品的；（四）以暴力抗拒检查、拘留、逮捕，情节严重的；（五）参与有组织的国际贩毒活动的”。按照《量刑指导意见》规定，相应确定量刑起点为 15 年。

甲区人民法院试行期间审结的走私、贩卖、运输、制造毒品罪案件中，在所有 77 件贩毒案件中，0.5 克以下的 30 件，量刑起点集中在 6 个月；有 0.5 ~1 克的 23 件，量刑起点集中在 6 个月；1 ~2 克的有 7 件，量刑起点集中在 6 个月和 1 年；2 ~7 克的有 8 件，量刑起点集中在 6 个月、1 年和 1 年 6 个月；7 克以上的只有 7 件，量刑起点较为分散。

从上述量刑起点的确定来看，审判实践中，大量的案件集中在 1 克以下，在确定量刑起点时比较混乱。尤其是在被告人已经被羁押时间较长的情况下，严格按照《量刑指导意见》确定量刑起点为 6 个月，确定的刑期往往低于已经羁押的时间。而且，贩卖毒品罪的被告人往往是多次贩毒而被抓获，但现有证据只能起诉抓获的一起，所以笔者认为，量刑起点也不宜规定较低，而应有所提高。在审判实践中，法官对 0.5 克以下的确定量刑起点一般为 6 个月，而 0.5 ~1 克的确定量刑起点可以为 1 年。因此，有必要就 1 克以下的量刑起点有所调整。另外，在 7 克以上的量刑起点确定上，法官把握得较为困难，主要受到情节严重这个情节确定的影响，所以《量刑指导意见》有必要就此作出专门规定。毒品犯罪中，有些克度非常小，实践中甚至出现了 0.08 克的情况，怎么考虑量刑起点？在司法实践中，有些法官已经进行调整，对0.5克以下的确定量刑起点一般为6个月，而0.5~1克的确定量刑起点可以到1年。

6. 交通肇事罪的量刑方法类型化的规范

交通肇事罪，是指违反交通管理法规而发生重大事故，致人重伤、死亡或者使公私财物遭受重大损失的行为。该罪侵犯的客体是交通运输的正常秩序与安全；客观方面表现为违反交通管理法规，因而发生重大交通事故，致人重伤死亡或者使公私财产遭受重大损失的行为；犯罪的主体为一般主体，实践中主要是从事交通运输的人员；主观方面是过失。

第一，法定刑为3年以下有期徒刑或拘役的量刑起点。《最高人民法院关于审理交通肇事刑事案件具体应用法律若干问题的解释》第2条规定，“交通肇事具有下列情形之一的，处三年以下有期徒刑或者拘役：死亡一人或者重伤三人以上，负事故全部或者主要责任的；死亡三人以上，负事故同等责任的；造成公共财产或者他人财产直接损失，负事故全部或者主要责任，无能力赔偿数额在三十万元以上的。交通肇事致一人以上重伤，负事故全部或者主要责任，并具有下列情形之一的，以交通肇事罪定罪处罚：酒后、吸食毒品后驾驶机动车辆的；无驾驶资格驾驶机动车辆的；明知是安全装置不全或者安全机件失灵的机动车辆而驾驶的；明知是无牌证或者已报废的机动车辆而驾驶的；严重超载驾驶的；为逃避法律追究逃离事故现场的”。按照《量刑指导意见》规定，构成交通肇事罪的，可以根据下列不同情形在相应的幅度内确定量刑起点：致人重伤、死亡或者使公私财产遭受重大损失的，可以在6个月至2年有期徒刑幅度内确定量刑起点。一般情况下，追究行为人构成交通肇事罪某一法定刑幅度的事故责任标准，比较适宜低于以主要责任或同等责任为确定量刑起点的标准。对于交通肇事造成同样后果的案件，在确定量刑起点时，要看行为人所负的事故责任，是主要责任还是全部责任，负事故的全部责任的量刑起点要比负事故主要责任的量刑起点高，同时也应参照行为地的治安情况等因素来确定量刑起点。

第二，法定刑为3年以上7年以下有期徒刑的量刑起点。根据《刑法》第133条规定，交通运输肇事后逃逸或者有其他特别恶劣情节的，处3年以上7年以下有期徒刑。《最高人民法院关于审理交通肇事刑事案件具体应用法律若干问题的解释》第4条规定，“死亡二人以上或者重伤五人以上，负事故全部或者主要责任的；死亡六人以上，负事故同等责任的；造成公共财产或者他人财产直接损失，负事故全部或者主要责任，无能力赔偿数额在六十万元以上的”。《量刑指导意见》规定，交通肇事后逃逸或者有其他特别恶劣情节的，可以在3～4年有期徒刑幅度内确定量刑起点。在确定具体案件的量刑起点时，应根据案件的具体情节、法律规定、治安状况、责任大小等确定量刑起点。

第三，法定刑7年以上有期徒刑的量刑起点。根据《刑法》第133条规定，交通运输肇事后因逃逸致人死亡的，处7年以上有期徒刑。《最高人民法院关于审理交通肇事刑事案件具体应用法律若干问题的解释》第5条规定，“因逃逸致人死亡”是指行为人在交通肇事后为逃避法律追究而逃跑，致使被害人因得不到救助而死亡的情形。交通肇事后，单位主管人员、机动车辆所有人、承包人或者乘车人指使肇事人逃逸，致使被害人因得不到救助而死亡的，以交通肇事罪的共犯论处。根据《量刑指导意见》规定，因逃逸致一人死亡的，可以在7～8年有期徒刑幅度内确定量刑起点。在量刑起点的基础上，可以根据责任程度、致人重伤、死亡的人数或者财产损失的数额以及逃逸等其他影响犯罪构成的犯罪事实增加刑罚量、确定基准刑。在实践中如何确定量刑起点，一般情况下，应根据治安情况、责任大小等具体情况确定量刑起点。

根据《量刑指导意见》规定，基准刑是根据其他影响犯罪构成的犯罪后果、犯罪次数、犯罪数额等犯罪事实，在量刑起点的基础上增加刑罚量、确定基准刑。因此，在量刑中，在确定交通肇事犯罪的基准刑时，首先要根据基本犯罪构成事实，在相应的法定刑幅度内确定量刑起点；其次，根据影响犯罪构成的事故后果、事故责任程度等其他犯罪事实增加刑罚量，在量刑起点的基础上确定基准刑。①

2010年10月至2011年2月，甲区人民法院办理交通肇事案件共9人，其中1人逃逸，量刑起点为4年；另外8人无逃逸，量刑起点为：2人为1年6个月有期徒刑，6人为1年有期徒刑。而被确定为1年6个月有期徒刑的均为2009年6月1日之后审判的案件，可见该区法院的法官在《量刑指导意见》指导下，对于交通肇事案件的量刑有提高的趋势。

---

① 参见熊选国：《〈人民法院量刑指导意见〉与“两高三部”〈关于规范量刑程序若干问题的意见〉理解与适用》，法律出版社2010年版，第216页。

第二节 常见量刑情节裁量类型化的规范

量刑情节是指在某种行为已构成犯罪的前提下，人民法院在对犯罪人量刑时应当考虑的，据以决定量刑轻重或者免除刑罚的各种情况。如果其本身属于犯罪构成要件的内容，则是区分罪与非罪、此罪与彼罪的事实因素，而不是量刑情节，即量刑情节是犯罪构成事实以外的事实情节。量刑情节一般分为法定情节与酌定情节。法定情节，是指法律明文规定在量刑时必须予以考虑的情节。它既包括刑法总则规定的对各种犯罪共同适用的情节，也包括刑法分则对特定犯罪适用的情节。酌定情节，又称裁判情节，是指刑法没有明文规定，根据立法精神从审判实践经验中总结出来的，反映犯罪行为的社会危害性和犯罪人的人身危险性，在量刑时酌情适用的情节。

量刑情节总是千变万化的，不管如何详尽，也不能规范一切量刑情节。《量刑指导意见》规定了 14 种常见量刑情节，其中法定情节有 7 个，分别是：未成年犯、未遂犯、从犯、自首、立功、累犯、坦白；酌定情节 7 个，分别是：当庭自愿认罪，退赃、退赔，积极赔偿经济损失、取得被害人及其亲属谅解，前科，劣迹，犯罪对象为未成年人、老年人、残疾人、孕妇等弱势人员，在重大自然灾害、预防、控制突发传染病等灾害期间犯罪等。但是，这并不表明量刑时只能或必须优先考虑这些情节，而仅仅是因为他们更加常见，对其规定适用幅度更有经验，更有把握。对于《量刑指导意见》未有规定的其他量刑情节，只要是案件中客观存在的，在对案件进行量刑时就一定要适用，并确定适当比例。因此，法官量刑时，必须查清一切与量刑有关的事实和情节，将所有量刑情节都纳入考虑范围，使每一个量刑情节都得到实际评价，做到全面、准确、公正地裁量刑罚。

一 法定情节裁量类型化的规范

1. 未成年人犯罪

未成年人犯罪是指在法定年龄范围内的未成年人，具有危害社会的行为，并达到一定的程度，应受到刑罚处罚的犯罪行为。未成年人犯罪，在当今世界已被列为吸毒贩毒、环境污染之后的第三大公害。未成年人犯罪概念的不同定义，表明不同国家治理未成年人犯罪司法制度的差异。从国内外未成年人犯罪概念的比较研究中可以看出，我国应当采用广义的未成年人犯罪概念，以便从源头上预防和治理我国未成年人的犯罪问题。犯罪年龄低龄化，尤其是未成年人的犯罪，是当前我国司法界越来越突出的问题。对于犯罪的未成年人，应实行教育、感化、挽救的方针，坚持教育为主、惩罚为辅的原则。对于未成年人犯罪，刑事法官在量刑时，应考虑未成年人对实施犯罪行为的动机和目的，以及实施犯罪后的悔罪表现；同时，也应考虑个人成长经历和一贯表现等情况。犯罪动机和目的所体现的主观恶性越小，对未成年犯适用的从宽比例就越大，反之越小。如在诈骗案件中，犯罪人诈骗的动机是因为生活所迫还是因为贪图享乐，其反映的主观恶性是不同的。前者反映的主观恶性较小，后者反映的主观恶性较大，在量刑时应区别对待。

根据刑法和最高人民法院有关司法解释以及《量刑指导意见》，对未成年人犯罪量刑时应按照以下方法量刑：第一，对犯严重破坏社会秩序罪的未成年人犯罪，一般不判处无期徒刑。人民法院在审理未成年人犯罪案件时，应当铭记最严重的案件并未发生。不要认为自己手中的案件是最严重的案件，因而判处最重的刑罚。西方国家的法官很少选择最重刑，一般也不会选择法定刑中间线以上的刑罚。日本的法官通常在法定刑内选择最轻的刑罚，德国的法官通常在法定刑中最轻的1/3区间判处刑罚。这是因为，如果动辄判处最重的刑罚，那么，将来发生更严重的犯罪时，也只能判处最重的刑罚，于是前后的判决违反了比例原则与公平原则。反过来说，法官应当意识到，量刑必须公正，法官只能见到较轻的犯罪案件，而不可能遇到最严重的犯罪案件。或者说，迄今为止，没有发生过最严重的案件，最严重的案件永远发生在以后。如果意识到这一点，那么，法官就不会动辄就对眼前的犯罪判处最重的刑罚。① 第二，对未成年犯中的初犯、偶犯，如果罪行较轻，悔罪表现好，一般应当免予刑事处罚。第三，对未成年犯并有犯罪预备、中止、未遂、防卫过当、避险过当等情形或属被胁迫、属从犯，或有自首、立功表现的，应当适用缓刑，减少关押，防

① 参见张明楷：《量刑方法》，《人民法院报》2013年1月30日第6版。

止“近墨者黑”。第四，对于宣告3年以下有期徒刑的未成年罪犯，认为适用缓刑确实不致再危害社会的，可以适用缓刑，以免造成在劳教场所被交叉感染，应充分发挥家庭及社会教育、感化、挽救的作用，为未成年人创造良好的改造环境。第五，对未成年犯一般不应剥夺其政治权。未成年犯年龄小，政治权利的不少内容本来就无权行使，如选举权、被选举权等等。他们本身尚不是政治权利主体，对其剥夺政治权利无实际意义。第六，未成年犯给被害人造成物质损失的，其附带民事赔偿责任由监护人承担，未成年人有个人财产的，应当由本人承担，不足部分由监护人予以赔偿，单位承担监护人的除外。对于不能全部缴纳罚金的，人民法院在任何时候发现被执行人有可供执行的财产，应当随时追缴。

《量刑指导意见》试行期间，甲区人民法院已审结的未成年人案件的在所有24名未成年被告人中，14～16岁的仅有1名，其他均为16～18岁。对于14～16岁的未成年人犯罪，该区法院确定减轻的幅度为50%；对于16～18岁的未成年人犯罪，该区法院确定减轻的幅度40%。从试点情况看，法官均是按照上述原则确定的减轻幅度，仅有故意伤害的1名被告人所减轻的幅度为30%。

2. 犯罪未完成形态

对犯罪未完成形态的量刑所涉及的法律包括：犯罪防备、犯罪未遂与犯罪中止。《刑法》第22条规定，为了犯罪，准备工具、制造条件的，是犯罪预备。对于预备犯，可以比照既遂犯从轻、减轻处罚或者免除处罚。第23条规定，已经着手实行犯罪，由于犯罪分子意志以外的原因而未得逞的，是犯罪未遂。对于未遂犯，可以比照既遂犯从轻或者减轻处罚。第24条规定，在犯罪过程中，自动放弃犯罪或者自动有效地防止犯罪结果发生的，是犯罪中止。对于中止犯，没有造成损害的，应当免除处罚；造成损害的，应当减轻处罚。同时，《量刑指导意见》规定，对于具有刑法总则规定的未成年人犯罪、限制行为能力的精神病人犯罪、又聋又哑的人或者盲人犯罪、防卫过当、避险过当、犯罪预备、犯罪未遂、犯罪中止、从犯、胁从犯和教唆犯等量刑情节的，先用该量刑情节对基准刑进行调节，在此基础上，在用其他量刑情节进行调节。对于未遂犯，综合考虑犯罪行为的实现程度、造成损害的大小、犯罪未得逞的原因等情况，可以比照既遂犯减少基准刑50%以下。

犯罪停止形态是犯罪形态的纵向形态，它只发生在故意犯罪发展过程中，是指在犯罪过程中由于某种原因停止下来所呈现的状态，按照发展的时间先后又分为预备犯、未遂犯、中止犯。

犯罪预备，是指为犯罪准备工具、制造条件，即实施犯罪前的准备工作。犯罪预备是故意犯罪全部活动的一个重要组成部分，它有两种类型：一是为犯罪准备工具，如为盗窃准备螺丝刀、改锥等工具，为杀人而购买菜刀。二是为犯罪制造条件，如跟踪、踩点、筹集资金等。虽然犯罪预备还没有着手实施犯罪，侵害行为和后果还没有产生，但刑法对犯罪预备也规定为犯罪行为，应负刑事责任，同时可以比照犯罪既遂减轻或者免于刑事处罚。

犯罪未遂是指已经着手实行犯罪，由于犯罪分子意志以外的原因而未能得逞的行为。已经着手实施犯罪，这是犯罪未遂与犯罪预备的主要区别。犯罪未得逞，是指行为人没有完成某一具体的犯罪行为。犯罪未得逞，这是犯罪未遂与犯罪既遂的主要区别，但犯罪未得逞，并不等于没有发生任何危害结果，而是犯罪特定的危害结果没有发生，如故意杀人而未能将人杀死，只是致人重伤，这就属于杀人未遂。犯罪未得逞是由于犯罪分子意志以外的原因。这里说的“犯罪分子意志以外的原因”，是指不以犯罪分子的主观意志为转移的一切原因，既包括外界的客观原因，如被害人的反抗、天气情况的变化等，也包括犯罪分子本人的原因，如对自己实施犯罪的方法、手段估计不足错误等。这是区别犯罪未遂与犯罪中止的关键。

犯罪中止是指，在犯罪过程中，自动放弃犯罪或者自动有效地防止犯罪结果发生的。对于中止犯，没有造成损害的，应当免除处罚；造成损害的，应当减轻处罚。中止的自动性是犯罪中止的本质特征，也是它与预备犯、犯罪未遂的根本区别。预备犯、未遂犯也属于犯罪的未完成形态，但它们是由于意志以外的原因而未得逞的。在进行了犯罪准备，而后放弃了着手实行的犯罪，应当认定为中止犯。例如，甲某买了菜刀想杀害其夫，因为害怕而没有敢下手，后来主动放弃杀人念头。因为尚未着手就自动放弃犯罪，属于在犯罪预备过程的中止。如果因为情况有变，主动撤退，但未放弃犯罪意图的，不是中止。例如，甲乙二人预谋盗窃某仓库，在白天“踩点”之后，晚上前来行动，发现仓库有人值班，不便下手，便撤走打算改日再来行窃。这属于犯罪撤退，不是犯罪中止。因为犯罪人遭遇到意志以外的原因，并未放弃犯罪意图，应当认定为犯罪预备。即使客观上不能完成犯罪，但自认为能够完成犯罪的情况下，自动停止的，也是自动中止，应从轻或者减轻处罚。至于从轻或者减轻的幅度大小，则应综合考虑案件的具体情况。

在办案过程中，刑事法官合理确定未遂犯的量刑必须综合考虑以下几个方面的因素。第一，犯罪行为的实行程度。刑法理论上一般将犯罪未遂分为实行终了的未遂和未实行终了的未遂两种类型。从主客观相一致的原则考量，一般情况下，实行终了的未遂的社会危害性要大于未实行终了的未遂，根据罪责刑相适应原则的要求，在排除其他因素的情况下，实行终了的未遂的量刑要比未实行终了的未遂重，其从宽适用的比例就小。第二，造成损害的大小或有无。在未遂案件中，如果造成了损害结果，在选择调节比例时相对较小，如果没有造成损害结果，在选择调节比例时相对较大。需要指出的是，如果对损害结果已经作为单独的量刑情节作为增加刑罚量的犯罪事实用于确定基准刑了，此时，就不能再作为选择未遂犯调节比例的考量因素，因为如果这样，就违背了禁止重复评价原则。第三，犯罪未得逞的原因。犯罪未得逞的原因应是客观原因，但在此基础上，犯罪未得逞的原因有时又是多种多样的。从主客观相统一的原则进行考量，一般说来，能犯未遂往往比不能犯未遂具有较大的社会危害性，所以，在排除其他因素的情况下，能犯未遂的量刑要比不能犯未遂重，能犯未遂适用的调节比例应小于不能犯未遂的调节比例。第四，未遂犯在司法解释或法律文件中的特殊规定。在司法解释或法律文件中对未遂犯作了一些特殊的规定，需要根据这些特殊的规定来认定未遂的犯罪构成，不能简单地根据《量刑指导意见》规定的量刑步骤和量刑方法进行量刑。例如，盗窃案件、生产销售伪劣产品案件虽然达到了构成犯罪数额的起点，但在未遂的情况下，并不构成犯罪。再如抢劫案件，在未劫得财物时要求造成被害人轻伤以上后果才能构成既遂，在只有轻微伤的情况下只能构成未遂。

在试行期间，甲区人民法院审结具有未遂情节的共有 21 名被告人，其中全部未遂的共有 17 人，部分未遂的 4 人。在全部未遂的案件中，强奸罪有 9 人，均为未实行终了的未遂，其中 7 人减轻幅度为 30%，2 人减轻幅度为 50%；抢劫罪 1 人，实行终了，减轻幅度为 40%；敲诈勒索 7 人，均为实行终了，减轻幅度为 30%。在 4 起部分未遂的案件中，有 2 起盗窃部分未遂、2 起敲诈勒索部分未遂，对于绝大部分未遂的减轻幅度为 50%，另外 3 起的减轻幅度为 20%。

从上述的司法实践情况看，对未遂犯的量刑幅度一般在《量刑指导意见》规定的范围内。但对于部分未遂的内容，《量刑指导意见》中没有体现从轻幅度。值得注意的是，不同的犯罪，未遂的减轻幅度明显有差异，如强奸罪的未遂一般是未实行终了的未遂，法官一般考虑选择30%这个最低的减轻幅度；敲诈勒索罪的未遂一般是实行终了的未遂，法官一般考虑选择30%这个中线减轻幅度；诈骗罪的未遂部分一般不在量刑起点中予以体现，而在宣告刑确定时作为一个量刑情节进行调节。笔者认为，对于财产罪的犯罪未遂应选择减轻幅度应缩小，而对于涉及人身权的犯罪未遂，选择的减轻幅度应扩大。

对于只作案一起或全部犯罪均系未遂的，换句话说，案件中只有未遂，没有既遂的情况下，法官便于按规定操作即可。但是，如果遇到既遂、未遂同时存在的案件，在实践中如何操作是一个难题。笔者认为，未遂情节只适用于未遂犯罪，不能对全案进行调节。对此，建议在盗窃等侵财案件中，对于有具体侵财数额的犯罪未遂，把侵财数额确定基准刑，未遂情节的调节比例仅对该部分进行；对没有具体侵财数额的犯罪未遂，可先将未遂的作案次数，每一次确定为1~2个月刑期，从而换算成一定量的基准刑，再对该部分基准刑进行未遂调节。同样适用于非侵财类型案件，案件中既遂和未遂同时存在的，把未遂部分比照既遂的规定确定一个参照刑，再对此部分参照刑进行未遂调节。

在一个案件中，部分未遂的情况在《量刑指导意见》中没有体现。在实践中，存在同一类犯罪，部分犯罪既遂，而部分犯罪未遂的情况。有时部分犯罪未遂的情况，对于定罪量刑还有着非常重要的地位，对于这些情况，在量刑时应予考虑酌予从轻处罚。笔者建议，在量刑时考虑此类情况，增加“部分犯罪未遂的，应该综合考虑犯罪行为的既遂与未遂的比重、实行程度、造成损害的大小、犯罪未得逞的原因等情况确定从宽的幅度。”此外，对于有些特殊时期发生的案件，如抗震救灾期间抢劫、盗窃的，应当考虑从重处罚。

在司法实践中，被告人往往有多起犯罪事实并具有多个犯罪情节，有些犯罪事实是既遂，有些犯罪事实则是未遂、预备、中止；有些犯罪时是未成年，审判时已成年，而有些犯罪时已成年，对于这类案件应如何量刑？笔者认为，应综合全案犯罪事实确定基准刑后，首先将全案视为犯罪未遂或未成年犯罪案件，确定参照适用的调节比例，然后按照全案中未遂部分或未成年人犯罪部分所占的比重予以换算，再确定最终的调节比例。

例如，在部分未成年人犯罪的案件中，某被告人作案10起，其中3起犯罪时系未成年人，首先确定未成年的调节比例为40%，再乘以3/10的所占比重，最终确定调节比例为40%×（3/10）=12%

对于预备犯在量刑时应主要考虑以下几个方面的因素：准备犯罪越充分，量刑的调节比例越小，反之越大。例如，在张某的绑架案中，犯罪预备行为包括了准备工具、踩点、和辨认作案对象三个行为，而李某的绑架案中，犯罪预备行为，只准备了相应的工具，那么，张某确定适用的预备犯的从宽比例要小于李某。

《量刑指导意见》对犯罪预备的情况没有规定，笔者认为，在量刑时，应增加预备犯的量刑规定，可以减少量刑起点的30%～60%。这种幅度选择，主要是参考犯罪未遂的幅度选择，比犯罪未遂更轻。

对于中止犯的量刑主要考虑以下几个方面的因素：第一，未造成损害的情况。根据刑法规定，犯罪中止，没造成损害的，应当免除处罚，这是刑法的硬性规定，不存在调节比例的问题。第二，造成损害的情况。首先，要根据造成损害的大小确定其调节比例，损害越大，其适用的调节比例越小，反之越大。其次，要根据犯罪中止的时间确定其调节比例。一般情况下，实行阶段的中止犯的调节比例要大于实行终了阶段的中止犯的调节比例。最后，要根据犯罪动机确定其调节比例。出于本人的诚心悔悟而中止犯罪调节比例相对要大，在被害人的哀求下中止犯罪调节比例相对要小，因为二者的主观恶性与人身危险性不同，前者的主观恶性与人身危险性相对较小，后者的主观恶性与人身危险性较大。

甲区人民法院试行期间审结的案件中，唯一的适用了犯罪中止情节的是一起未成年人强奸案认罪案件。从司法实践上看，对于中止犯，一般未成年人减少40%，认罪减少10%。如果按照《量刑指导意见》的规定，中止减少至少60%，就可能导致法院无法判刑，因为此时已减为-10%。因此，笔者认为，自动放弃犯罪的，应当调低减少幅度，比如30%～80%；对于有效防止犯罪结果发生的犯罪中止，调整为20%～70%。

3. 自首

《最高人民法院、最高人民检察院关于办理职务犯罪案件认定自首、立功等量刑情节若干问题的意见》规定，对于具有自首情节的犯罪分子，应当根据犯罪的事实、性质、情节和对于社会的危害程度，结合自动投案的动机、阶段、客观环境，交代犯罪事实的完整性、稳定性以及悔罪表现等具体情节，依法决定是否从轻、减轻或者免除处罚以及从轻、减轻处罚的幅度。根据《刑法》总则第 67 条以及相关司法解释的规定，自首分为一般自首、准自首、特别自首三大类。

第一，一般自首。一般自首是指犯罪以后自动投案，如实供述自己罪行的行为。所谓自动投案，是指犯罪嫌疑人或者犯罪事实未被司法机关发现，或者虽被发现，但犯罪嫌疑人尚未受到司法机关的传唤，犯罪嫌疑人主动向有关机关或单位投案的行为；罪行虽然没有被司法机关发现，但仅因形迹可疑被有关组织或者司法机关盘问，主动交代自己的罪行的，也视为自动投案；犯罪后逃跑，在被通缉、追捕过程中，主动投案的也应视为自动投案；犯罪嫌疑人因伤、病或者为了减轻犯罪后果，委托他人先代为投案的也应视为自动投案；正在投案途中，被公安机关捕获的，都应当视为自动投案。公安机关通知犯罪嫌疑人的亲友，或者亲友主动报案后，将犯罪嫌疑人送去投案的，也应当视为自动投案。并非出于犯罪嫌疑人主动，而是经亲友规劝、陪同投案的视为自动投案；根据《最高人民法院、最高人民检察院关于办理职务犯罪案件认定自首、立功等量刑情节若干问题的意见》（简称《职务犯罪认定自首、立功意见》）规定，犯罪分子向所在单位等办案机关以外的单位、组织或者有关负责人员投案的，应当视为自动投案。所以，一般自首又可以分为自动投案的一般自首和视为投案的一般自首两种类型。《量刑指导意见》规定，对于自首情节，综合考虑投案的动机、时间、方式、罪行轻重、如实供述罪行的程度以及悔罪表现等情况，可以减少基准刑的 40% 以下；犯罪较轻的，可以减少基准刑的 40% 以上或者依法免除处罚。

第二，准自首。按照《最高人民法院关于处理自首和立功具体应用法律若干问题的解释》（简称《自首和立功司法解释》）第 2 条规定，被采取强制措施的犯罪嫌疑人、被告人和已宣判的罪犯，如实供述司法机关尚未掌握的罪行，并且属于不同种罪行的以自首论；而《职务犯罪认定自首、立功意见》规定，虽然犯罪嫌疑人没有自动投案，但如实交代未掌握的不同种罪行或办案机关所掌握线索针对的犯罪事实不成立，在此范围外犯罪分子交代同种罪行的都视为自首。

第三，特别自首。关于对“非国家工作人员行贿罪”的处罚，《刑法》第 164 条第 3 款规定，行贿人在被追诉之前主动交代行贿事实的，可以减轻处罚或者免除处罚。关于对“行贿罪”的处罚，《刑法》第 390 条第2款规定，行贿人在被追诉之前主动交代行贿行为的，可以减轻处罚或者免除处罚。关于对“介绍贿赂罪”的处罚，《刑法》第392条第2款规定，介绍贿赂人在被追诉之前主动交代介绍贿赂行为的，可以减轻处罚或者免除处罚。笔者认为，这三款规定都是我国刑法关于特别自首的规定。其一，犯罪人在被追诉前主动交代自己的犯罪行为，符合自首的本质特征。其二，《刑法》总则第67条关于自首的规定，应当适用于刑法分则的每个罪名，行贿人、介绍贿赂人在被追诉前主动交代自己的罪行，本质上就是自首。其三，刑法分则针对行贿、介绍贿赂、对非国家工作人员行贿这3个罪名规定，在被追诉前主动交代罪行的“可以减轻或免除处罚”。这在从宽幅度上超出了刑法对自首的规定，应当视为刑法对特别罪名的犯罪人自首的特别规定，是对我国自首制度的重要补充。为什么要对这个罪名作出特别的规定？原因是贿赂犯罪具有很大的隐蔽性，取证难度较大，而行贿与受贿又是对应的，行贿人主动交代行贿行为实际上是对受贿人的检举揭发，本质上是立功，但又因为属于行贿人、介绍贿赂人如实供述的范围而不能认定为立功，因此，为了分化瓦解犯罪分子，严厉打击受贿犯罪，给行贿人更大的从宽幅度是十分必要的。

甲区人民法院试行期间审结的案件中，存在自首情节的被告人共有39人：1人从轻幅度为15%；10人从轻幅度为20%；1人从轻幅度为25%；2人从轻幅度为40%；25人从轻幅度为30%。其中，交通肇事、故意伤害、贩卖毒品、非法拘禁、聚众斗殴、职务侵占、诈骗、敲诈勒索、寻衅滋事、掩饰隐瞒犯罪所得的，均为已被发觉而未受到讯问或未被采取强制措施的自动投案，共25人：5人从轻幅度为20%，1人从轻幅度为25%，19人从轻幅度为30%。盗窃、抢劫的，均为仅形迹可疑受到盘问后如实供述，共14人：7人从轻幅度为20%，2人从轻幅度为40%，1人从轻幅度为10%，4人从轻幅度为30%。可见，该法院的法官对仅形迹可疑受到盘问后如实供述的自首，从轻幅度较大，绝大部分超过了《量刑指导意见》规定的5%~10%。

综上，笔者发现，对自首减轻幅度的选择，与投案主动性的程度是有关系的，一般主动直接的投案，减轻幅度为30%的比例较多，仅因形迹可疑的减轻幅度为20%的较多。对于直接主动投案的，选择30%，为《量刑指导意见》中的上线幅度；仅因形迹可疑的，选择20%，超过了《量刑指导意见》中的5%~10%。笔者认为，应提高仅因形迹可疑的自首的从轻幅度到 10% ~30%。另外，也应该看到，减轻幅度与退赔的程度也有关，在所有的案件中，有退赔或赔偿情况的，往往对自首也选择较高的从轻幅度；对于没有退赔的，往往选择较低的从轻幅度。而投案的主动性与案件的性质也有关系，盗窃案一般为仅因形迹可疑的情况，而交通肇事一般为主动直接的情况。所以退赔或赔偿及投案的主动性情况在对自首减轻幅度的选择上确实也是经常结合在一起考虑的。

4. 立功

所谓立功，是指揭发他人的犯罪行为，或者提供一些重要线索，查证属实，或者协助司法机关抓获其他嫌疑人的即构成立功。立功必须符合以下条件：第一，立功的时间。立功的时间是量刑阶段的立功与行刑阶段的立功的主要区别。作为量刑制度的立功，是判决宣告前检举揭发他人犯罪行为的情形，因而发生在刑事诉讼过程中；而行刑阶段的立功，是指刑罚执行过程中的立功表现，可以获得减刑。第二，立功的表现，包括：揭发他人的犯罪行为；提供重要线索；协助司法机关缉捕其他犯罪嫌疑人；犯罪人在羁押期间，遇有其他在押犯自杀、脱逃或者其他严重破坏监视行为，及时向看守人员报告；遇有自然灾害、意外事故奋不顾身加以排除；等等。刑法把立功分为一般立功和重大立功两大类。根据刑法和《自首和立功司法解释》的规定，一般立功分四种情况：一是检举、揭发他人犯罪行为，经查证属实（包括共同犯罪案件中的犯罪分子揭发同案犯共同犯罪以外的其他犯罪）；二是提供侦破其他案件的重要线索，经查证属实；三是阻止他人犯罪活动，协助司法机关抓捕其他犯罪嫌疑人（包括同案犯）；四是具有其他有利于国家和社会的突出表现的。

根据《刑法》第 68 条第 1 款和《自首和立功司法解释》第 7 条的规定，所谓重大立功是指，犯罪分子有检举、揭发他人重大犯罪行为或者提供侦破其他重大案件的重要线索，经查证属实；阻止他人重大犯罪活动或协助司法机关抓捕其他重大犯罪嫌疑人；对国家和社会有其他重大贡献等表现的。立功制度对于及时侦破刑事案件，瓦解和分化犯罪集团，有效打击犯罪活动，鼓励犯罪人戴罪立功，有效贯彻宽严相济的刑事政策都具有重要意义。近年来，司法机关通过犯罪人检举立功，侦破了刑事犯罪案件，抓捕了相当数量负案在逃的犯罪嫌疑人，有效防止了这些犯罪分子继续危害社会。应当注意的是，立功在刑法中列在总则第四章“刑罚的具体运用”部分，属于犯罪事实以外的量刑情节。根据《量刑指导意见》

规定，犯罪未遂、从犯、防卫过当、未成年人犯罪等罪中，量刑情节及体现刑事责任大小的量刑情节属于第一类调节基准刑的量刑情节，自首、立功、积极赔偿等犯罪事实以外的量刑情节属于第二类调节基准刑的量刑情节。只有不存在第一类量刑情节时，立功等第二类量刑情节才能直接调节基准刑。

甲区人民法院审结的案件中，共有22名被告人具有立功情节，均为协助抓捕同案犯或协助抓捕其他有关联的毒贩的一般立功。其中有5人的量刑从轻10%，2人从轻15%，14人从轻20%，1人从轻30%。由此可见，《量刑指导意见》规定的10%～30%的从轻幅度较为合理，能够满足实践的需求。

5. 累犯

在我国，对累犯从重处罚的依据在于累犯的人身危险性较大。对于累犯的处罚应有别于初犯，对其实行从重处罚或加重处罚是各国共同的立法选择。累犯在初次犯罪并接受刑罚后，国家和社会期待其能有所悔改，改恶向善，但其却违背了社会期待不思悔改，在法定期间内故意实施犯罪，表明其主观恶性与人身危险性较大，只有对其科处较重的刑罚才有利于刑罚目的的实现。刑法中关于过失犯罪不构成累犯的规定表明，对累犯从重处罚的依据不是犯罪的客观危害，而是累犯的人身危险性。因此，对于累犯应当从重处罚。

刑法虽然只规定对于累犯应当从重处罚，但没有明确比照的对象。不过，此项规定显而易见是比照非累犯从重处罚，也就是说累犯从重处罚的基准是犯罪行为本身应当判处的刑罚，即基准刑。因此，那种不考虑比照对象所应当判处的刑罚，即从重就是在法定刑中线以上量刑或者在法定刑内选择较重刑种量刑，从轻处罚就是在法定刑中线以下量刑或者在法定刑内选择较轻刑种量刑的观点是不妥的。在具体案件中，影响累犯从重处罚的因素应当综合考虑刑罚执行完毕或赦免以后至再犯罪时间的长短以及前后罪罪行轻重等情况确定。一般而言，前后罪行性质越近、与前罪间隔时间越短、前后罪罪行越重，就表明其人身危险性越大，越难以改造，需要从重的幅度就越大，反之就越小。根据《量刑指导意见》规定，对于累犯，可以增加基准刑的10%～40%。

甲区人民法院试行期间审结的案件中，具有累犯情节的共有48人，其中3人从重20%，8人从重30%，37人从重40%。选择40%的从重，系《量刑指导意见》中的最大从重幅度。笔者认为，40%的从重并不能达到传统刑罚程度，因此，建议可以增加累犯的从重幅度到60%。这一点对于轻罪累犯尤为需要。例如，贩毒克数少于0.2克的再犯和累犯、盗窃数额较小1000元的再犯和累犯等，由于量刑起点较低，但再犯和累犯的主观恶性又较大，如果仅选择从重40%，量刑也仅仅不到11个月，如果能选择从重50%或60%，就可以判处1年有期徒刑。

6. 从犯

共同犯罪人按照在共同犯罪中的地位和作用，可以分为主犯、从犯和胁从犯。刑法规定从犯从宽处罚（包括免除处罚），但主犯不从重处罚（刑法规定，按照犯罪集团所犯的全部罪行处罚或按照其所参与或组织、指挥的全部犯罪处罚），因为主犯是从犯从宽处罚的基点。所以，主犯不是一个一般意义上的量刑情节。《量刑指导意见》规定，对于从犯，应当综合考虑其在共同犯罪中的地位、作用，以及是否实施犯罪实行行为等情况，予以从宽处罚，可以减少基准刑的20%～50%；犯罪较轻的，可以减少基准刑的50%以上或者依法免除处罚。

在确定从犯的从宽比例时，要注意全面考虑各项要素，对量刑的调节比例要综合确定。具体说，在办案过程中，法官合理确定从犯从宽的比例，必须综合考虑以下两个方面的因素：第一，从犯在共同犯罪中的地位高低。地位越高调节比例越小，反之越大。例如，甲系某国有公司的总经理，乙系该公司的副总经理，丙系该公司的财务会计，甲指示乙伪造某项支出，截留公款30万元，甲并为乙提供了票据，乙指示丙伪造了相关账目。之后，甲分得公款20万元，乙分到8万元，丙分得2万元。该案中，乙、丙作为从犯无论在单位中还是在共同犯罪中均有地位上的差别，在对乙、丙选择调节比例时，丙的调节比例应适当高于乙的调节比例。第二，从犯在共同犯罪中的作用大小。作用越大，调节比例越小，反之越大。例如，甲与刘某有矛盾，甲召集乙、丙商量要对刘某教训一下。一天，甲准备了刀、棍等作案工具前往刘某处行凶。作案过程中，甲持刀对刘某大腿处砍了一刀，乙持木棍朝刘某后背进行击打，丙对刘某进行拳打脚踢。经鉴定，刘某因刀伤致为重伤。因此，认定甲是主犯，乙、丙为从犯；同时，乙与丙相比，乙的作用大于丙，故选择从犯的调节比例时丙大于乙。

甲区人民法院试行期间审结的案件中，只有3名被告人适用了作用相对较小的情况，均减少10%，系《量刑指导意见》中最低的从轻幅度。

可见，该法院法官对于此类从犯，适用从轻程度较低。在司法实践中，常常出现虽然同为从犯，但其作用仍有所差别的情况，在这种情况下，笔者认为，对同一案件中不同从犯采取裁量相同刑罚的做法不妥，违背了罪责刑相适应原则。

7. 坦白

理论界认为，坦白是指犯罪人被动归案之后，如实交代自己被指控的犯罪事实，并接受国家审查和裁判的行为。在试行过程中，由于《量刑指导意见》同时规定了当庭自愿认罪量刑情节，因此，有些试点法院提出疑问：犯罪人被动归案之后，如实供述司法机关已经掌握的罪行是否应该同时认定为坦白和当庭自愿认罪两个量刑情节？有的法院认为，同时认定有重复评价之嫌；也有的法院则认为，坦白是犯罪分子在侦查阶段的表现，当庭认罪是犯罪分子在审判阶段的表现，这是犯罪分子在两个诉讼阶段的两种行为，可以同时适用，不存在重复评价的问题。

甲区人民法院试行期间审结的案件中，认定了坦白情节的被告人共有21 人。在适用了从轻处罚的情节中，其中 1 人从轻 5%，1 人认罪加坦白共从轻 15%，7 人从轻 20%，2 人从轻 25%，1 人从轻 30%。均为司法机关尚未掌握的同种罪行。另外，值得说明的是，如果被告人认罪，法官一般不再单独适用坦白情节，一般以认罪情节或坦白情节选择其中一个予以考虑，这样统计的话，另有 132 人认罪，其中 11 人从轻 5%，121 人从轻10%。另外，还有 89 件简易程序案件没有适用坦白或认罪情节。可见，在实践中，法官对于认罪或坦白情节的适用并不明显，只有在《量刑指导意见》的指导下才适用认罪或坦白情节。从这一点来看，《量刑指导意见》对于司法机关具有较好的指导意义。另外，从调研来看，实践部门对于坦白情节的把握并不清楚，很多法官并不懂得什么情况下是坦白。笔者认为，坦白和当庭自愿认罪不应同时适用，因为所有的坦白都必须以当庭认罪为成立的条件，犯罪分子在侦查阶段坦白自己的罪行、在审判阶段又翻供的，按照法律规定，不能认定坦白。因此，为了更好地区分坦白和当庭自愿认罪这两个量刑情节，避免重复评价，应把“犯罪分子被动归案后如实供述司法机关已经掌握的罪行”且能当庭认罪的情形纳入当庭自愿认罪这一量刑情节的适用范围，而在坦白情节里只保留“犯罪分子被动归案后如实供述司法机关尚未掌握的同种罪行”这一情形。为了区别这两个量刑情节的不同作用，《量刑指导意见》规定坦白的从宽幅度一般应大于当庭自愿认罪的从宽幅度。

二　酌定情节裁量类型化的规范

1. 当庭自愿认罪

"两高一部"《关于适用普通程序审理"被告人认罪案件"的若干意见（试行)》（简称《审理认罪案件的意见》）第9条规定，人民法院对自愿认罪的被告人，酌情予以从轻处罚。《关于适用简易程序审理公诉案件的若干意见》（简称《适用简易程序意见》）第9条同样规定，人民法院对自愿认罪的被告人，酌情予以从轻处罚。所谓当庭自愿认罪，是指犯罪行为人当庭自愿承认被指控的犯罪。是否构成当庭自愿认罪这一量刑情节，重点应把握以下几点。

第一，认罪须在当庭。当庭自愿认罪的量刑情节与其他量刑情节不同，它主要来源于程序法。"两高一部"《审理认罪案件的意见》和《适用简易程序意见》规定，人民法院对自愿认罪的被告人，酌情予以从轻处罚。这说明对当庭自愿认罪的被告人予以从轻处罚，具有程序法意义。由于在法庭调查阶段，被告人在明确起诉书指控的犯罪事实和罪名后，能够自愿认罪并承担法律后果，使法庭可以适用普通程序简化审的方式或简易程序审理该案，提高了诉讼效率，节约了司法资源，增强了司法机关的公信力，因此，可以对被告人从轻处罚。笔者认为，当庭自愿认罪是构成当庭自愿认罪量刑情节的关键。犯罪行为人在侦查、起诉阶段认罪，当庭也认罪的，当然应认定为当庭自愿认罪量刑情节，予以从轻处罚；犯罪行为人当庭自愿认罪，但在侦查、起诉阶段不认罪的，不影响当庭自愿认罪量刑情节的认定，但在从轻处罚时酌情考虑；犯罪行为人在侦查、起诉阶段认罪，当庭不认罪的，不能构成当庭自愿认罪量刑情节；犯罪行为人当庭不认罪，庭审结束后、宣判之前认罪的，由于没有简化审判程序、节约司法资源，一般不应当认定当庭自愿认罪，但在特殊情况下，如被告人提交认罪书并经公诉机关认可的，也可以在量刑时酌情考虑。此外，被告人一审不认罪，一审宣判有罪后二审表示有罪的，不应当认定当庭自愿认罪并在二审阶段从轻处罚。

第二，认罪程度只要求被告人承认被指控的基本犯罪事实。审判实践中，有的被告人可能由于客观原因所限或者醉酒、记忆不请等原因，无法供述清楚公诉机关指控的全部犯罪事实和情节，但只要能够对指控的犯罪后果、犯罪手段、犯罪对象、犯罪动机等基本犯罪事实没有异议，不影响追究刑事责任的，都应当认定为认罪行为；但是，根据《自首和立功司法解释》第1条规定："共同犯罪案件中的犯罪嫌疑人，除如实供述自己的罪行，还应当供述所知的同案犯，主犯则应当供述所知其他同案犯的共同犯罪事实，才能认定为自首。"笔者认为，上述关于自首的司法解释精神，也应当适用于当庭自愿认罪情节。

第三，认罪的内容只要求被告人承认指控的犯罪事实，并不要求承认指控的罪名。审判实践中，被告人对指控的犯罪事实没有异议，但不清楚自己的行为构成什么罪名，或错误地认为自己的行为构成其他罪名，但只要被告人没有故意掩盖罪行或者编造事实，意图脱罪，都不影响认定其当庭自愿认罪这一量刑情节。如果被告人对自己的犯罪事实供认不讳，一般人也会认为其构成犯罪，但他就是不认罪，这种情况仍然可以认定为当庭自愿认罪。笔者认为，当庭自愿认罪，是犯罪事实以外的量刑情节。连同坦白、立功、自首、积极赔偿等量刑情节，都属于第二类对基准刑进行调节的量刑情节。只有不存在刑法总则规定的未成年人犯罪、限制行为能力的精神病人犯罪、又聋又哑的人或者盲人犯罪、防卫过当、避险过当、犯罪预备、犯罪未遂、犯罪中止、从犯、胁从犯和教唆犯等第一类量刑情节时，才能用当庭自愿认罪的调节比例直接调节基准刑。法官在确定当庭自愿认罪的具体从宽比例时，应注意以下几个因素：其一，认罪的程度。一般来说，如实供述全部犯罪事实和情节的，在量刑时要给予更大的从宽范围；如实供述主要犯罪事实的，在量刑时要给予较大的从宽量刑范围；如实供述基本的犯罪事实和情节的，在量刑时应给予较小的从宽量刑范围。其二，悔罪表现。悔罪表现的认定，一方面要根据认罪的程度来考量，另一方面要考察犯罪人对自己所犯罪行对社会危害的认识。其三，犯罪的性质。一般来说，犯罪的性质越严重而被告人敢于承认说明悔过的程度越大，那么，量刑时从宽的范围就越大。

2. 前科、劣迹

前科是指曾经有过犯罪记录，但不包括违法记录。前科劣迹是一个概括性的提法，有前科的人又犯新罪，如果符合累犯条件的就构成累犯，应当依法从重处罚。如果曾经判决有罪但免于刑事处罚的人可以视为有前科，同样依法应当从重处罚。但应区别于累犯，应比累犯从轻处罚，因为作为前科的前次犯罪的情节一般较轻。刑事拘留是刑事强制措施的一种，其设立的根本目的是保障侦查活动的顺利进行，以及保障犯罪嫌疑人能够顺利地随案件移送到法院接受审判，因此，刑事拘留是一种保障措施。如果犯罪嫌疑人被确定无罪或刑事拘留错误的，不属于前科。

劣迹是指恶劣的行为轨迹。《量刑指导意见》所指的劣迹，主要是指劳动教养，或与其程度相当的劣迹。劳动教养是我国特有的一种法律制度。劳动教养既不属于刑事处罚也不属于行政处罚。劳动教养是为了矫治违法行为而采取的一种限制公民人身自由的活动。它是国家为了衔接刑事处罚和行政处罚的一个过渡。虽然刑法没有规定对有前科劣迹的人从重处罚，但刑法规定的特殊累犯和毒品再犯已经体现了对有犯罪前科的人应当从重处罚的精神、关于盗窃、诈骗等犯罪的司法解释也都体现了对有前科劣迹的人可以从重处罚的精神。例如，惯犯或者流窜作案危害严重的，诈骗集团的首要分子或者共同诈骗犯罪中情节严重的主犯等。

甲区人民法院试行期间审结的案件中，共有 25 人具有前科，其中 8 人从重 10%，1 人从重 15%，16 人从重 20%。可见该区法院法官对前科的从重幅度较大，但也在《量刑指导意见》规定范围之内。同时，共有 23 人具有被劳动教养的劣迹，其中 5 人从重 20%，18 人从重 10%。可见该区法院法官对于具有劳教劣迹的，从重幅度较大。笔者认为、劳教的从重幅度应增加为 20% 以下。另外，该区法院法官对具有行政拘留劣迹的，也考虑从重，共有 7 件，均从重 5%。《量刑指导意见》对此没有规定，建议《量刑指导意见》对此予以明示。

第三节　量刑方法类型化的完善

量刑方法类型化是一项全新的司法活动，需要不断的实践，不断的总结，不断的完善。在全国法院量刑方法类型化试行中，各级法院遇到了各种各样的困惑和难题。纵观《量刑指导意见》，我国量刑方法类型化改革还有以下问题需要完善。

第一，厘清犯罪事实和量刑情节之间的不同。清晰区别确定基准刑的刑罚量和确定宣告刑的调节幅度。《量刑指导意见》中关于确定基准刑和宣告刑的方法与步骤是不一样的，具体而言，犯罪事实和量刑情节对于确定最终刑罚的功能是不一样的，即一个是刑期（几个月或年）的增减，一个是百分比的调节。因此，辨识犯罪构成事实与量刑情节，对于根据《量刑指导意见》的方法和步骤，找准量刑起点、基准刑并确定宣告刑，意义重大。辨识不清楚，直接影响到基准刑、宣告刑的结果。有些情节，在一定的法定刑幅度内属于犯罪构成事实，但在另一个法定幅度内则属于量刑情节，应该区分对待。如在诈骗犯罪中，列举的9种情节，一方面被作为“百分比”进行调节，一方面被作为确定量刑起点的依据。这种处理方式是正确的，因为相关司法解释将诈骗数额在20万元以下10万元以上未归还的情形，加上这9种情节，一起确定为10年有期徒刑以上刑罚的犯罪构成事实。因此，在这种情况下，这9种情节应该作为犯罪事实对待。而在10年以下的法定刑幅度中，这些情节并不属于法定的犯罪构成事实，所以应该作为量刑情节来以百分比的形式调节基准刑。因此，关于诈骗罪的规定是合理的。但是，这种思路并没有贯穿在其他9种罪名中。表现如下：

其一，在强奸罪中，在10年以上的法定刑幅度中，伤害结果属于犯罪构成事实。但在3～10年的法定刑幅度内，轻伤或轻微伤就不属于构成事实，应该作为量刑情节以百分比的形式调节基准刑，而不能成为确定基准刑的依据。其二，在非法拘禁罪中，在3年以下的法定刑幅度内，殴打、侮辱情节属于量刑情节，因此，轻伤以下的结果，不属于犯罪构成事实，而属于量刑情节，不能以增加刑罚量、确定基准刑的方法进行评价，而只能以百分比的方式进行评价。其三，在诈骗罪中，诈骗的次数不属于犯罪构成事实。其四，在抢夺罪中，伤害后果并非犯罪构成事实，只能作为量刑情节进行百分比式的调节。抢夺的次数也应属于构成事实。其五，在聚众斗殴罪中，3年以下量刑的聚众斗殴罪中的伤害情节，不应属于犯罪构成事实。

值得强调的是，《量刑指导意见》认为，在上一法定刑幅度内规定了的犯罪构成事实，属于此罪犯罪的构成事实，应该在下一法定刑幅度内作为犯罪构成事实对待，那么依然应该注意协调一致的问题。如诈骗罪中的同一种情节，不应一方面作为量刑情节以百分比的方式进行调节，另一方面却同样将这些量刑情节作为定罪情节来确定量刑起点，而均应作为定罪情节来作为确定基准刑之用。笔者认为，《量刑指导意见》的量刑步骤、方法所体现的思路应该是一以贯之的，这就需要进一步地区分不同的量刑根据。

第二，禁止重复评价。在《量刑指导意见》的总则中已经规定过的量刑情节，不应在分则中重复规定，分则规定时也应特别注意各种情节之间的重复规定问题。例如，其一，在妨害公务罪中，因执行公务不当引起妨害公务犯罪，可以减少基准刑的20%以下。这属于被害人过错，在总则中已有规定。其二，在寻衅滋事罪中，主动修复、归还占有财物的。属于积极退赔，这在总则中已有规定。其三，在非法拘禁罪中，第4条第（1）项与第（3）项均存在索要债务问题，存在重复评价之嫌。其四，定罪情节事实不应作为量刑情节评价。如敲诈勒索罪的第3条第（1）项，使用暴力或者以暴力威胁为手段进行敲诈勒索的，系定罪事实，而非量刑情节。如果认为这种定罪事实的恶性比揭发隐私的事实社会危害要严重，应该在确定基准刑时予以评价，而不应在确定宣告刑时评价。

第三，百分比幅度空间过大，应进一步细化。比如14～16岁的未成年人犯罪，可减轻的幅度为30%～60%，有30个百分比可选择。如何选择，为何进行这样的选择，根据很难把握，其结果可能会影响量刑均衡，建议应进一步细化。百分比幅度公开后，由于存在一个具体的幅度，需要法官选择具体的百分比，辩护人和公诉人势必会对这个百分比的选择展开比较激烈的争辩。笔者认为，出现这种情况，将很难判断孰是孰非。由于一个判决中这种选择会较多，会面临很多这种判断正确性被审核的问题，这反而会令法官面临这种争辩而必须作出说明的局面。由于对这种争议的说明其实很难，往往有重复评价的问题出现，很难说服公众。

第四，量刑方法应进一步类型化。其一，量刑方法应采用描述的方式予以说明。《量刑指导意见》的规定有时过于简要，会产生误解或不好理解，建议将“关于《量刑指导意见》的说明”的有关计算方法的内容补充写入《量刑指导意见》中。

其二，在法定刑的两个极端，选择量刑起点的难度较大。所谓法定刑的两个极端，是指最低量刑幅度和法定刑的最高量刑幅度，比如盗窃罪的3年以下有期徒刑、拘役、并处或单处罚金，是最低法定幅度；而盗窃罪的10年以上有期徒刑或者无期徒刑是一般盗窃罪的最高量刑幅度。在这两个极端中，盗窃数额低于数额巨大起点的一半，或超过达到数额特别巨大起点时，由于盗窃罪的最低量刑法定幅度可以选择拘役或单处罚金，最高量刑法定幅度的犯罪数额没有上限，导致在这两个极端中法官确定量刑起点容易混乱。笔者建议，在最低量刑幅度的中线以下确定量刑起点时，采用逐级递减最终放量的方式。比如，盗窃数额在 3000 ~ 5000 元时，确定量刑起点为 1 年至 1 年 6 个月；在 2000 ~ 3000 元时，确定量刑起点为 6 个月至 1 年；在 1000 ~ 2000 元时，确定量刑起点为 6 个月以下、拘役或单处罚金。这样既能体现区别，又能在可选择性较小的范围内给法官一定的选择余地，采用低于上一档次的数额标准的 1/3 来确定量刑起点，并根据数额来调节。同时，在最高量刑幅度采用逐级递增最终放量的方式确定量刑起点。如在盗窃 6 万 ~ 12 万元之间，确定量刑起点为 10 年至 11 年；在 12 万 ~ 25 万元之间，确定量刑起点为 11 年至 12 年；在 25 万 ~ 50 万元之间，确定量刑起点为 12 年至 13 年，在 50 万 ~ 100 万元之间，确定量刑起点为 13 年至 14 年；在 100 万元以上，确定量刑起点为 14 年至 15 年。这样既能在较为集中的犯罪数额上体现区别，又能明确量刑起点的选择标准。

其三，量刑情节确定幅度同向相加问题。针对量刑情节确定幅度同向相加造成宣告刑为负数以及少于已经羁押时间的问题，可以采用多个同向情节自动缩窄选择调节幅度、而单个情节在规定幅度内放大的方法予以解决。这样，当宣告刑低于羁押时间时，自动选择已经羁押时间作为宣告刑；同时以乘法而非加减法的方法自动缩窄调节幅度减损为负数的问题。在数额犯的量刑起点临界点，应给予法官一定的选择权。如在盗窃数额为 4800 元、59000 元等数额的情况下，给予法官在量刑起点幅度最高点量刑的选择权。

第五，情节较轻、情节严重等应具体规范。对于情节较轻、情节严重等如何规范，《量刑指导意见》没有考虑。其中，“不能退赔”不是酌予从重的情节，应该在《量刑指导意见》中予以说明。一些法官在没有退赔的情况下，会选择较高的量刑起点。同时，在确定量刑起点时，建议也应该适当提高未退赔的量刑起点，这样也可以鼓励退赔和体现退赔从轻的情形。

向被害人坦白而未向公安机关投案的情况，《量刑指导意见》没有考虑。笔者建议，在量刑时考虑此类情况，比照自首的最低减少幅度，可以减少量刑起点的 10% 以下。对限制行为能力人如何从轻或减轻，《量刑指导意见》中同样没有体现。笔者建议，对于尚未完全丧失辨认或者控制自己行为能力的精神病人犯罪的，可以减少量刑起点的30%以下；对于又聋又哑的人或者盲人犯罪的，可以减少量刑起点的40%以下。这种幅度的选择，主要是参考未成年人的从宽幅度选择。对于犯罪预备的情况，笔者建议在量刑时考虑此类情况，可以减少量刑起点的30%～60%。这种幅度选择，主要是参考犯罪未遂的幅度选择，比犯罪未遂更加从轻。

第六，对基准刑的完善。在一些地区的实施细则中，没有对结合故意伤害、非法拘禁、诈骗、职务侵占和掩饰隐瞒犯罪所得、犯罪所得收益案件的作案次数而增加具体基准刑作出规定。笔者建议，故意伤害案件每增加一次轻伤，增加1～2年有期徒刑，每增加一次重伤，增加3～4年有期徒刑；非法拘禁案件每增加一次，增加6个月至1年6个月有期徒刑；诈骗案件，多次诈骗作案的，每增加一次，增加2～3个月刑期；职务侵占案件多次作案的，每增加一次，增加2～3个月刑期；掩饰隐瞒犯罪所得、犯罪所得收益案件每增加一次，增加2～3个月有期徒刑。

第七，关于赔偿和谅解的评价问题。一些地区的实施细则规定，积极全部赔偿的可减少基准刑的30%以下，取得被害人或其家属谅解的可以减少基准刑的20%以下。那么，积极全部赔偿后，大都会取得谅解的，仅此两个情节则有可能减少基准刑的50%，从轻处罚的比重过大，有重复评价的可能和把酌定从轻处罚情节演变成减轻处罚情节的可能。笔者认为，酌定量刑情节的调节比例不应超越法定量刑情节。对此，建议赔偿和谅解两者所减少的基准刑比例，综合不应超过30%。但在2012年新刑事诉讼法实施后，和解成为法定量刑情节，所以应适当放宽，可加大调节比例的适用。

第八，量出的刑期是负数时如何处理。在司法实践中，有时按照《量刑指导意见》量出的刑期是负数，针对量刑情节确定幅度同向相加造成宣告刑为负数以及少于已经羁押时间的问题，可以采用多个同向情节自动缩窄选择调节幅度、而单个情节在规定幅度内放大的方法予以解决。这样，当宣告刑低于羁押时间时，自动选择已经羁押的时间作为宣告刑；同时以乘法而非加减法的方法自动缩窄调节幅度减损为负数的问题。

综上所述，我国还没有一部真正意义上的量刑指南，如果说最高人民法院制定的《量刑指导意见》可以姑且称其是“中国的量刑指南”的话，笔者认为，中国的量刑指南形式宜采用英国模式，这种模式的优点是既能作出明确、具体的指导，又具有一定的灵活性，特别是可以分段实施，先对量刑的一般性问题、总则性问题及实践中量刑失衡比较严重的一些问题进行规范和明确，采取先急后缓、先总则后分则、先易后难的分段实施步骤。对于量刑指南的规范形式，能以数量明确的，就以数字界定；不能以数量明确的，可以论理叙述方式进行具体列举界定。在构建我国量刑指南时，不妨先行确定这样的思路，即不求制定全面、系统的量刑规范，务必提出解决突出问题的可行对策，重在提炼一般量刑规则、归纳量刑方法、突破困扰量刑实践的难点问题，逐步收集、积累量刑实证分析资料与经验，在过程中求完整。

附录1 人民法院量刑指导意见（试行）

为进一步规范刑罚裁量权，贯彻落实宽严相济的刑事政策，增强量刑的公开性，实现量刑均衡，维护司法公正，根据刑法和刑事司法解释的有关规定，结合审判实践，制定本意见。

一、量刑的指导原则

1. 量刑应当以事实为根据，以法律为准绳，根据犯罪的事实、犯罪的性质、情节和对于社会的危害程度，决定判处的刑罚。

2. 量刑既要考虑被告人所犯罪行的轻重，又要考虑被告人应负刑事责任的大小，做到罪责刑相适应，实现惩罚和预防犯罪的目的。

3. 量刑应当贯彻宽严相济的刑事政策，做到该宽则宽，当严则严，宽严相济，罚当其罪，确保裁判法律效果和社会效果的统一。

4. 量刑要客观、全面把握不同时期不同地区的经济社会发展和治安形势的变化，确保刑法任务的实现；对于同一地区同一时期，案情相近或相似的案件，所判处的刑罚应当基本均衡。

二、量刑的基本方法

1. 量刑步骤

（1）根据基本犯罪构成事实在相应的法定刑幅度内确定量刑起点；

（2）根据其他影响犯罪构成的犯罪数额、犯罪次数、犯罪后果等犯罪事实，在量刑起点的基础上增加刑罚量确定基准刑；

（3）根据量刑情节调节基准刑，并综合考虑全案情况，依法确定宣告刑。

2. 量刑情节调节基准刑的方法

（1）具有单个量刑情节的，根据量刑情节的调节比例直接对基准刑进行调节。

（2）具有多种量刑情节的，根据各个量刑情节的调节比例，采用同向相加、逆向相减的方法确定全部量刑情节的调节比例，再对基准刑进行调节。

（3）对于具有刑法总则规定的未成年人犯罪、限制行为能力的精神病人犯罪、又聋又哑的人或者盲人犯罪、防卫过当、避险过当、犯罪预备、犯罪未遂、犯罪中止、从犯、胁从犯和教唆犯等量刑情节的，先用该量刑情节对基准刑进行调节，在此基础上，再用其他量刑情节进行调节。

（4）被告人犯数罪，同时具有适用各个罪的立功、累犯等量刑情节的，先用各个量刑情节调节个罪的基准刑，确定个罪所应判处的刑罚，再依法实行数罪并罚，决定执行的刑罚。

（5）对于同一事实涉及不同量刑情节时，不重复评价。

3. 确定宣告刑的方法

（1）量刑情节对基准刑的调节结果在法定刑幅度内，且罪责刑相适应的，可以直接确定为宣告刑；如果具有应当减轻处罚情节的，依法在法定最低刑以下确定宣告刑。

（2）量刑情节对基准刑的调节结果在法定最低刑以下，具有减轻处罚情节，且罪责刑相适应的，可以直接确定为宣告刑；只有从轻处罚情节的，可以确定法定最低刑为宣告刑。

（3）量刑情节对基准刑的调节结果在法定最高刑以上的，可以法定最高刑为宣告刑。

（4）根据案件的具体情况，独任审判员或合议庭可以在10%的幅度内进行调整，调整后的结果仍然罪责刑不相适应的，提交审判委员会讨论决定宣告刑。

（5）综合全案犯罪事实和量刑情节，依法应当判处拘役、管制或者单处附加刑，或者无期徒刑以上刑罚的，应当依法适用。

（6）宣告刑为三年以下有期徒刑、拘役并符合缓刑适用条件的，可以依法宣告缓刑；犯罪情节轻微，不需要判处刑罚的，可以免予刑事处罚。

三、常见量刑情节的适用

量刑时要充分考虑各种法定和酌定量刑情节，根据案件的全部犯罪事实以及量刑情节的不同情形，依法确定量刑情节的适用及其调节比例。对严重暴力犯罪、黑社会性质组织犯罪、毒品犯罪，在确定从宽的幅度时，要从严掌握；对较轻的犯罪要充分体现从宽的政策。对以下常见量刑情节，可以在相应的幅度内确定具体调节比例。本意见尚未规定的其他量刑情节，在量刑时也要予以考虑，并确定适当的调节比例。

1. 对于未成年人犯罪，应当综合考虑未成年人对犯罪的认识能力、实施犯罪行为的动机和目的、犯罪时的年龄、是否初犯、悔罪表现、个人成长经历和一贯表现等情况，予以从宽处罚。

（1）已满十四周岁不满十六周岁的未成年人犯罪，可以减少基准刑的30%～60%；

（2）已满十六周岁不满十八周岁的未成年人犯罪，可以减少基准刑的10%～50%。

2. 对于未遂犯，综合考虑犯罪行为的实行程度、造成损害的大小、犯罪未得逞的原因等情况，可以比照既遂犯减少基准刑的50%以下。

3. 对于从犯，应当综合考虑其在共同犯罪中的地位、作用，以及是否实施犯罪实行行为等情况，予以从宽处罚，可以减少基准刑的20%～50%；犯罪较轻的，可以减少基准刑的50%以上或者依法免除处罚。

4. 对于自首情节，综合考虑投案的动机、时间、方式、罪行轻重、如实供述罪行的程度以及悔罪表现等情况，可以减少基准刑的40%以下；犯罪较轻的，可以减少基准刑的40%以上或者依法免除处罚。

5. 对于立功情节，综合考虑立功的大小、次数、内容、来源、效果以及罪行轻重等情况，确定从宽的幅度。

（1）一般立功的，可以减少基准刑的20%以下；

（2）重大立功的，可以减少基准刑的20%～50%；犯罪较轻的，可以减少基准刑的50%以上或者依法免除处罚。

6. 对于被采取强制措施的犯罪嫌疑人、被告人和已宣判的罪犯，如实供述司法机关尚未掌握的罪行，与司法机关已掌握的或者判决确定的罪行属同种罪行的，根据坦白罪行的轻重以及悔罪表现等情况，可以减少基准刑的20%以下。

7. 对于当庭自愿认罪的，根据犯罪的性质、罪行的轻重、认罪程度以及悔罪表现等情况，可以减少基准刑的10%以下，依法认定自首、坦白的除外。

8. 对于退赃、退赔的，综合考虑犯罪性质，退赃、退赔行为对损害结果所能弥补的程度，退赃、退赔的数额及主动程度等情况，可以减少基准刑的30%以下。

9. 对于积极赔偿被害人经济损失的，综合考虑犯罪性质、赔偿数额、赔偿能力等情况，可以减少基准刑的30%以下。

10. 对于取得被害人或其家属谅解的，综合考虑犯罪的性质、罪行轻重、谅解的原因以及认罪悔罪的程度等情况，可以减少基准刑的20%以下。

11. 对于累犯，应当综合考虑前后罪的性质、刑罚执行完毕或赦免以后至再犯罪时间的长短以及前后罪罪行轻重等情况，可以增加基准刑的10%～40%。

12. 对于有前科劣迹的，综合考虑前科劣迹的性质、时间间隔长短、次数、处罚轻重等情况，可以增加基准刑的10%以下。

13. 对于犯罪对象为未成年人、老人、残疾人、孕妇等弱势人员的，综合考虑犯罪的性质、犯罪的严重程度等情况，可以增加基准刑的20%以下。

14. 对于在重大自然灾害、预防、控制突发传染病疫情等灾害期间犯罪的，根据案件的具体情况，可以增加基准刑的20%以下。

四、常见犯罪的量刑

（一）交通肇事罪

1. 构成交通肇事罪的，可以根据下列不同情形在相应的幅度内确定量刑起点：

（1）致人重伤、死亡或者使公私财产遭受重大损失的，可以在六个月至二年有期徒刑幅度内确定量刑起点。

（2）交通肇事后逃逸或者有其他特别恶劣情节的，可以在三年至四年有期徒刑幅度内确定量刑起点。

（3）因逃逸致一人死亡的，可以在七年至八年有期徒刑幅度内确定量刑起点。

2. 在量刑起点的基础上，可以根据责任程度、致人重伤、死亡的人数或者财产损失的数额以及逃逸等其他影响犯罪构成的犯罪事实增加刑罚量，确定基准刑。

（二）故意伤害罪

1. 构成故意伤害罪的，可以根据下列不同情形在相应的幅度内确定量刑起点：

（1）故意伤害致一人轻伤的，可以在六个月至一年六个月有期徒刑幅度内确定量刑起点。

（2）故意伤害致一人重伤的，可以在三年至四年有期徒刑幅度内确定量刑起点。

（3）以特别残忍手段故意伤害致一人重伤，造成六级严重残疾的，可以在十年至十二年有期徒刑幅度内确定量刑起点。依法应当判处无期徒刑以上刑罚的除外。

（4）故意伤害致一人死亡的，可以在十年至十五年有期徒刑幅度内确定量刑起点。依法应当判处无期徒刑以上刑罚的除外。

2. 在量刑起点的基础上，可以根据伤亡后果、伤残等级、手段的残忍程度等其他影响犯罪构成的犯罪事实增加刑罚量，确定基准刑。

3. 雇佣他人实施伤害行为的，可以增加基准刑的20%以下。

4. 有下列情节之一的，可以减少基准刑的20%以下：

（1）因婚姻家庭、邻里纠纷等民间矛盾激化引发的；

（2）因被害人的过错引发犯罪或对矛盾激化引发犯罪负有责任的；

（3）犯罪后积极抢救被害人的。

（三）强奸罪

1. 构成强奸罪的，可以根据下列不同情形在相应的幅度内确定量刑起点：

（1）强奸妇女、奸淫幼女一人一次的，可以在三年至五年有期徒刑幅度内确定量刑起点。

（2）有下列情形之一的，可以在十年至十二年有期徒刑幅度内确定量刑起点：强奸妇女、奸淫幼女情节恶劣的；强奸妇女、奸淫幼女三人的；在公共场所当众强奸妇女的；二人以上轮奸妇女的；强奸致被害人重伤或者造成其他严重后果的。依法应当判处无期徒刑以上刑罚的除外。

2. 在量刑起点的基础上，可以根据强奸人数、次数、致人伤亡后果等其他影响犯罪构成的犯罪事实增加刑罚量，确定基准刑。

（四）非法拘禁罪

1. 构成非法拘禁罪的，可以根据下列不同情形在相应的幅度内确定量刑起点：

（1）未造成伤害后果的，可以在三个月拘役至六个月有期徒刑幅度内确定量刑起点。

（2）致一人重伤的，可以在三年至四年有期徒刑幅度内确定量刑起点。

（3）致一人死亡的，可以在十年至十二年有期徒刑幅度内确定量刑起点。

2. 在量刑起点的基础上，可以根据非法拘禁人数、次数、拘禁时间、致人伤亡后果等其他影响犯罪构成的犯罪事实增加刑罚量，确定基准刑。

3. 有下列情节之一的，可以增加基准刑的20%以下：

（1）具有殴打、侮辱情节的；

（2）国家机关工作人员利用职权非法扣押、拘禁他人的。

4. 为索取合法债务、争取合法权益而非法扣押、拘禁他人的，可以减少基准刑的30%以下。

（五）抢劫罪

1. 构成抢劫罪的，可以根据下列不同情形在相应的幅度内确定量刑起点：

（1）抢劫一次的，可以在三年至五年有期徒刑幅度内确定量刑起点。

（2）有下列情形之一的，可以在十年至十二年有期徒刑幅度内确定量刑起点：入户抢劫的；在公共交通工具上抢劫的；抢劫银行或者其他金融机构的；抢劫三次或者抢劫数额达到数额巨大起点的；抢劫致一人重伤，没有造成残疾的；冒充军警人员抢劫的；持枪抢劫的；抢劫军用物资或者抢险、救灾、救济物资的。

2. 在量刑起点的基础上，可以根据抢劫致人伤亡的后果、次数、数额、手段等其他影响犯罪构成的犯罪事实增加刑罚量，确定基准刑。

（六）盗窃罪

1. 构成盗窃罪的，可以根据下列不同情形在相应的幅度内确定量刑起点：

（1）达到数额较大起点的，或者一年内入户盗窃或者在公共场所扒窃三次的，可以在三个月拘役至六个月有期徒刑幅度内确定量刑起点。

（2）达到数额巨大起点或者有其他严重情节的，可以在三年至四年有期徒刑幅度内确定量刑起点。

（3）达到数额特别巨大起点或者有其他特别严重情节的，可以在十年至十二年有期徒刑幅度内确定量刑起点。

2. 在量刑起点的基础上，可以根据盗窃数额、次数、手段等其他影响犯罪构成的犯罪事实增加刑罚量，确定基准刑。

3. 盗窃近亲属财物的，可以减少基准刑的50%以下。不作犯罪处理的除外。

（七）诈骗罪

1. 构成诈骗罪的，可以根据下列不同情形在相应的幅度内确定量刑起点：

（1）达到数额较大起点的，可以在三个月拘役至六个月有期徒刑幅度内确定量刑起点。

（2）达到数额巨大起点或者有其他严重情节的，可以在三年至四年有期徒刑幅度内确定量刑起点。

（3）达到数额特别巨大起点或者有其他特别严重情节的，可以在十年至十二年有期徒刑幅度内确定量刑起点。依法应当判处无期徒刑的除外。

2. 在量刑起点的基础上，可以根据诈骗数额等其他影响犯罪构成的犯罪事实增加刑罚量，确定基准刑。

（八）抢夺罪

1. 构成抢夺罪的，可以根据下列不同情形在相应的幅度内确定量刑起点：

（1）达到数额较大起点的，可以在三个月拘役至一年有期徒刑幅度内确定量刑起点。

（2）达到数额巨大起点或者有其他严重情节的，可以在三年至四年有期徒刑幅度内确定量刑起点。

（3）达到数额特别巨大起点或者有其他特别严重情节的，可以在十年至十二年有期徒刑幅度内确定量刑起点。依法应当判处无期徒刑的除外。

2. 在量刑起点的基础上，可以根据抢夺数额等其他影响犯罪构成的犯罪事实增加刑罚量，确定基准刑。

（九）职务侵占罪

1. 构成职务侵占罪的，可以根据下列不同情形在相应的幅度内确定量刑起点：

（1）达到数额较大起点的，可以在三个月拘役至一年有期徒刑幅度内确定量刑起点。

（2）达到数额巨大起点的，可以在五年至六年有期徒刑幅度内确定量刑起点。

2. 在量刑起点的基础上，可以根据职务侵占数额等其他影响犯罪构成的犯罪事实增加刑罚量，确定基准刑。

（十）敲诈勒索罪

1. 构成敲诈勒索罪的，可以根据下列不同情形在相应的幅度内确定量刑起点：

（1）达到数额较大起点的，可以在三个月拘役至六个月有期徒刑幅度内确定量刑起点。

（2）达到数额巨大起点或者有其他严重情节的，可以在三年至四年有期徒刑幅度内确定量刑起点。

2. 在量刑起点的基础上，可以根据敲诈勒索数额、手段等其他影响犯罪构成的犯罪事实增加刑罚量，确定基准刑。

（十一）妨害公务罪

1. 构成妨害公务罪的，可以在三个月拘役至一年有期徒刑幅度内确定量刑起点。

2. 在量刑起点的基础上，可以根据妨害公务的手段、造成的后果等其他影响犯罪构成的犯罪事实增加刑罚量，确定基准刑。

3. 煽动群众阻碍依法执行职务、履行职责的，可以增加基准刑的20%以下。

4. 因执行公务行为不规范而导致妨害公务犯罪的，可以减少基准刑的20%以下。

（十二）聚众斗殴罪

1. 构成聚众斗殴罪的，可以根据下列不同情形在相应的幅度内确定量刑起点：

（1）犯罪情节一般的，可以在六个月至一年六个月有期徒刑幅度内确定量刑起点。

（2）有下列情形之一的，可以在三年至四年有期徒刑幅度内确定量刑起点：聚众斗殴3次的；聚众斗殴人数多，规模大，社会影响恶劣的；在公共场所或者交通要道聚众斗殴，造成社会秩序严重混乱的；持械聚众斗殴的。

2. 在量刑起点的基础上，可以根据聚众斗殴人数、次数、手段等其他影响犯罪构成的犯罪事实增加刑罚量，确定基准刑。

3. 组织未成年人聚众斗殴的，可以增加基准刑的20%以下。

（十三）寻衅滋事罪

1. 构成寻衅滋事罪的，可以在三个月拘役至一年有期徒刑幅度内确定量刑起点。

2. 在量刑起点的基础上，可以根据寻衅滋事次数、伤害后果、强拿硬要他人财物或任意损毁、占用公私财物数额等其他影响犯罪构成的犯罪事实增加刑罚量，确定基准刑。

（十四）掩饰、隐瞒犯罪所得、犯罪所得收益罪

1. 构成掩饰、隐瞒犯罪所得、犯罪所得收益罪的，可以根据下列不同情形在相应的幅度内确定量刑起点：

（1）犯罪情节一般的，可以在三个月拘役至六个月有期徒刑幅度内确定量刑起点。

（2）情节严重的，可以在三年至四年有期徒刑幅度内确定量刑起点。

2. 在量刑起点的基础上，可以根据犯罪数额等其他影响犯罪构成的犯罪事实增加刑罚量，确定基准刑。

（十五）走私、贩卖、运输、制造毒品罪

1. 构成走私、贩卖、运输、制造毒品罪的，可以根据下列不同情形在相应的幅度内确定量刑起点：

（1）走私、贩卖、运输、制造鸦片一千克，海洛因、甲基苯丙胺五十克或者其他毒品数量达到数量大起点的，量刑起点为十五年有期徒刑。依法应当判处无期徒刑以上刑罚的除外。

（2）走私、贩卖、运输、制造鸦片二百克，海洛因、甲基苯丙胺十克或者其他毒品数量达到数量较大起点的，可以在七年至八年有期徒刑幅度内确定量刑起点。

（3）走私、贩卖、运输、制造鸦片不满二百克，海洛因、甲基苯丙胺不满十克或者其他少量毒品的，可以在三个月拘役至三年有期徒刑幅度内确定量刑起点；情节严重的，可以在三年至四年有期徒刑幅度内确定量刑起点。

2. 在量刑起点的基础上，可以根据毒品犯罪次数、人次、毒品数量等其他影响犯罪构成的犯罪事实增加刑罚量，确定基准刑。

3. 有下列情节之一的，可以增加基准刑的30%以下：

（1）组织、利用、教唆未成年人、孕妇、哺乳期妇女、患有严重疾病人员、又聋又哑的人、盲人及其他特殊人群走私、贩卖、运输、制造毒品，或者向未成年人出售毒品的；

（2）毒品再犯。

4. 有下列情节之一的，可以减少基准刑的30%以下：

（1）受雇运输毒品的；

（2）毒品含量明显偏低的；

（3）存在数量引诱情形的。

五、附则

1. 本意见对常见法定和酌定量刑情节的调节幅度和常见犯罪的量刑作了原则性规定，各省、自治区、直辖市高级人民法院可以结合当地实际，对常见量刑情节及其他尚未规范的量刑情节，以及常见犯罪的量刑起点幅度、增加刑罚量的具体情形和各种量刑情节进行细化，并报最高人民法院备案。

2. 本意见适用于有期徒刑以下的案件。

3. 本意见所称以上、以下，均包括本数。

4. 本意见自 2010 年 10 月 1 日起试行。

附录2　人民法院量刑程序指导意见（试行）

为进一步规范量刑活动，实现量刑公开和公正，根据刑事诉讼法和司法解释的有关规定，结合审判工作实际，制定本意见。

一、人民法院审理刑事案件，应当将量刑纳入法庭审理程序。在法庭调查、法庭辩论等阶段，应当保障量刑活动的相对独立性。

二、在刑事裁判文书中，应当说明量刑理由。

三、在法庭审理过程中，审判人员应当注意听取公诉人、当事人、辩护人和诉讼代理人提出的量刑意见。

量刑意见应当具有一定幅度，并应当有相应证据和理由。

四、适用普通程序审理的案件，在法庭调查过程中，可以根据案件具体情况先调查犯罪事实，后调查量刑事实；在法庭辩论过程中，也可以先辩论定罪问题，后辩论量刑问题。

被告人认罪或者虽然不认罪但同意参与审理量刑问题的，按照被告人认罪案件的程序审理量刑问题。

被告人不认罪且不同意参与审理量刑问题的，合议庭应当告知其有权提出从轻、减轻、免除处罚的意见和理由，记录在卷后，法庭审理继续进行。

五、适用简易程序或普通程序审理的被告人认罪案件，在核实犯罪事实后，庭审主要围绕量刑事实、情节和刑罚适用问题进行举证、质证和辩论。

六、量刑事实的调查按照以下顺序进行：

（1）审判人员首先归纳在犯罪事实调查阶段已经查明的量刑事实，并告知公诉人、当事人和辩护人、诉讼代理人不再重复举证和质证；

（2）公诉人、自诉人及其诉讼代理人就其掌握的未经审理的量刑事实举证，并接受质证。

（3）被告人及其辩护人就其掌握的未经审理的量刑事实举证，并接受质证。

被害人及其诉讼代理人到庭参加诉讼的，可以向法庭提交量刑事实证据，并接受质证。

有关方面向法庭提交涉及未成年人量刑的社会调查报告的，调查报告应当当庭宣读，并接受质证。

七、人民法院发现影响量刑的情节有遗漏或者事实不清的，可以建议人民检察院补充侦查。

八、被告人及其辩护人确因客观原因未能收集到量刑证据，申请调取证据的，人民法院认为必要时，可以依法调取。

九、在法庭审理过程中，当事人及其辩护人、诉讼代理人申请新的证人到庭，调取新的物证、书证，申请鉴定或者重新鉴定，人民法院认为有必要的，应当同意。

十、在法庭辩论阶段，审判长应当注意引导控辩双方围绕有争议的量刑事实和刑罚适用问题进行辩论。

在法庭辩论过程中，法庭发现新的量刑事实，认为有必要进行调查的，审判长可以宣布恢复法庭调查，待事实查清后继续法庭辩论。

十一、裁判文书中的量刑说理，一般包括以下内容：

（1）已经查明的量刑事实及其对量刑的影响；

（2）是否采纳公诉人、当事人和辩护人、诉讼代理人的量刑意见及其理由；

（3）人民法院的量刑理由和法律依据。

十二、人民法院审理二审、再审刑事案件的量刑程序，除法律另有规定外，可以参照本意见进行。

十三、本意见自发布之日起试行。

附录3 我国现行常用量刑程序

（书记员查明公诉人、证人、当事人及其他诉讼参与人是否到庭。）

（书记员宣读法庭纪律），现在宣读法庭纪律：在法庭审理过程中，旁听人员必须遵守如下法庭纪律：一、未经批准不得记录、录音、录像和摄影；二、不得吸烟、随地吐痰；三、不得随意走动和进入审判区；四、为保证审判活动的顺利进行，关闭手机等通信工具；五、不得随意发言、提问；六、不得鼓掌、喧哗、吵闹和实施其他妨害审判活动的行为。听人员对法庭的审判活动有意见，可在闭庭后以书面形式向人民法院提出。对于违反法庭纪律者，审判长可以口头警告、训诫、责令退出法庭。情节严重的，经本院院长批准，给予拘留、罚款；构成犯罪的，依法追究刑事责任。法庭纪律宣读完毕。

书记员：全体起立，请审判长、审判员、人民陪审员入庭。（待审判长、审判员、人民陪审员入庭就座后，转向审判长）报告审判长，庭前准备工作已经就绪，请开庭。（待审判长点头示意后，书记员转向旁听席）全体坐下。（书记员与旁听人员一起缓缓坐下）

审判长：（敲法槌）某某人民法院刑事审判庭现在开庭。

传被告人×××到庭。

本庭首先核对被告人身份情况。

被告人回答你的姓名？你还用过其他名字吗？你的出生年月日？出生地是哪里？什么民族？籍贯？文化程度？捕前从事什么职业？家庭住址？过去是否受过法律处分？什么时间、因为什么问题、被什么机关、受过什么样的处理？因为何问题何时被刑事拘留、何时被逮捕？某人民检察院的起诉书副本你收到没有？收到多长时间了？某人民法院的量刑情节提示书你是否收到？（被害人出庭的，核对被害人身份）

审判长：值庭法警为被告人打开戒具。

审判长：某某人民法院刑事审判庭于×年×月×日受理了某某人民检察院提起公诉的被告人×××（被告人姓名和案由）一案的指控之后，依法组成合议庭，在法定期限内向被告人送达了起诉书副本，并于开庭三日前向控辩双方送达了量刑情节提示书，依照《中华人民共和国刑事诉讼法》第一百五十条、第一百五十二条之规定，今天在此对本案公开开庭进行审理。

首先宣布一下合议庭组成人员、书记员、公诉人、辩护人名单。本庭由某某人民法院刑事审判员××，也就是我本人担任审判长，与审判员×××、人民陪审员×××共同组成合议庭，代理书记员××担任法庭记录，某某人民检察院指派检察员××出庭支持公诉，应被告人及其亲属委托，由××律师事务所律师××担任被告人×××的一审辩护人。

审判长：被告人×××，以上向你宣布的人员名单你是否听清楚？

审判长：被告人×××，根据刑事诉讼法的规定，你在法庭上享有申请回避权，如果认为合议庭组成人员、书记员、公诉人与本案有利害关系，可能影响本案公正判决的，可以申请上述人员回避，但合议庭组成人员、书记员的回避需由本院院长决定，公诉人的回避需由某某人民检察院检察长决定。你是否听清楚？是否申请回避？

审判长：被告人×××，根据刑事诉讼法的规定，你在法庭上还享有如下诉讼权利：一、调取证据权，可以提出证据，申请通知新的证人到庭、调取新的证据、申请重新鉴定或者勘验和检查；二、自行辩护权，虽然法院已指定了辩护人为你进行辩护，但根据法律规定，为了维护你自身的合法权益，你仍然享有自行辩护的权利，你可以根据事实和法律，就起诉书指控的犯罪事实进行无罪或罪轻的辩解；三、最后陈述权，你对本案的处理有什么意见和要求，可在法庭辩论终结后，作最后的说明。

审判长：被告人×××，以上诉讼权利你是否听清楚？

审判长：（法庭调查开始之前，附带说明一个问题，本案被害人庭前表示不再向法院提起附带民事诉讼，本庭开庭只审理刑事部分。）下面开始法庭调查。今天的法庭调查将分为二个阶段进行，第一个阶段对犯罪事实进行法庭调查，第二个阶段对量刑情节进行法庭调查。首先进行犯罪事实部分的法庭调查，下面由公诉人宣读起诉书。

审判长：被告人×××，公诉人宣读的起诉书的内容你听清楚了吗？被告人坐下回答问题。

审判长：你对起诉书指控你犯抢劫罪的犯罪事实和罪名有没有异议？

审判长：你是否知道认罪可能导致的法律后果？（知道，认罪可让我得到从宽处理）

审判长：鉴于被告人自愿认罪，本庭认为可以按照简化审理程序对本案进行审理，并且可以省略被告人当庭供述犯罪事实的程序，公诉人是否同意？被告人是否同意？辩护人是否同意？（如有一方不意，则转为一般程序审理）

审判长：公诉人对被告人有无发问？辩护人对被告人有无发问？（询问审判员和陪审员有无发问？审判长进行发问？）

审判长：鉴于证据已于庭前经过开示，公诉人在举证时仅就证据的名称和证明的事项进行说明，下面由公诉人举证。（如证据庭前未开示，则应对证据进行全面宣读和说明）

审判长：被告人有无证据提交法庭？辩护人有无证据提交法庭？

审判长：（经征询审判员二人后）本庭认为，公诉人当庭提交的证据合法有效，本庭当庭予以采信。（如不能当庭采信，则宣布在庭后合议后确定）

审判长：下面进入第二个阶段的法庭调查，也就是对量刑情节进行法庭调查，首先由控辩双方根据第一个阶段的法庭调查情况，分别归纳被告人所具备的犯罪事实本身的量刑情节，下面由公诉人归纳。

审判长：被害人有无异议？被告人有无异议？辩护人有无异议？（有异议的可进行辩论）

审判长：下面由被害人归纳其具备的量刑情节。

审判长：公诉人、被告人、辩护人有无异议？

审判长：下面由被告人归纳其具备的量刑情节。

审判长：公诉人、被害人、辩护人有无异议？

审判长：下面由辩护人归纳其具备的量刑情节。

审判长：公诉人、被害人、被告人有无异议？

审判长：下面对犯罪事实以外的量刑情节进行举证，首先由公诉人举证？被害人、被告人、辩护人有无异议？（分别按照以上顺序进行举证和质证）

公诉人：审判长，我们申请社会调查员宣读社会调查报告。

审判长：通知社会调查员到庭。（到庭后）下面由社会调查员宣读社

会调查报告。（宣读后，分别按照前面顺序分别发表意见）

审判长：（经征询审判员二人后）本庭认为，公诉人当庭提交的证据合法有效，本庭当庭予以采信。（如不能当庭采信，则宣布在庭后合议后确定）通过法庭调查，本庭认为，本案被告人具备以下从严的量刑情节：……被告人同时具备以下从宽的量刑情节……以上量刑情节，有相应的证据证实，控辩双方也已取得一致意见，对以上量刑情节，本庭当庭予以采信。另外，控辩双方尚存在以下有争议的量刑情节：……

审判长：本庭认为，本案的事实已经基本调查清楚，法庭调查结束，现在开始法庭辩论。今天的法庭辩论分为二个阶段进行，第一个阶段对案件事实和案件性质进行法庭辩论，第二个阶段对案件对有异议的量刑情节和案件应当适用的法定刑进行辩论。现在进行第一个阶段的法庭辩论，即对案件事实和案件性质进行辩论，首先由公诉人发言。

审判长：下面由被害人发表意见。

审判长：下面由被告人自行辩护。

审判长：下面由辩护人发表辩护意见。

审判长：下面进行第二个阶段的法庭辩论，分别由公诉人、被害人、被告人、辩护人就有异议的量刑情节和案件应当适用的法定刑发表意见？

审判长：经过刚才的法庭辩论，本庭认为，对于控辩双方有争议的量刑情节，其中关于……的量刑情节可以确认。另外，尚有以下量刑情节不能当庭确认，待庭后合议庭合议后确定。

审判长：本庭认为，控辩双方的控辩观点已经发表明确，无须继续辩论，现在宣布法庭辩论结束。

审判长：根据法律规定，被告人对法庭以及对本案的处理包括量刑有什么意见和要求，可以作最后的说明，被告人是否有需要最后说明的？

审判长：现在休庭十分钟，合议庭将对本案进行评议后继续开庭。把被告人带到庭下候审。现在休庭。（敲法槌）

审判长：（敲法槌）现在继续开庭，传被告人到庭。

审判长：被告人×××一案，经合议庭评议，现在宣布判决结果。

审判长：被告人×××一案，本庭听取了公诉人的指控和举证，听取了被告人的供述、辩解和最后陈述及其辩护人的辩护意见，听取了被害人陈述、证人证言及其他有关证据并相互质证。本庭经审理查明，……本案事实有经法庭举证、质证的……证据证实，证据确实、充分，足以认定。

经合议庭评议后认为，被告人……其行为构成××罪。公诉机关的指控成立，本院予以采纳。（对量刑情节的确认情况及原因进行论述）。据此，依照《中华人民共和国刑法》第××之规定，判决如下（敲法槌）：（书记员：全体起立）

被告人犯××罪，判处……

如不服本判决，可在接到判决书的第二日起十日内，通过本院或者直接向某市中级人民法院提出上诉。本案判决书将在五日内送达。宣判完毕。

（书记员：全体坐下）

审判长：被告人，判决内容你听清楚了吗？

审判长：你对判决有无意见，是否提出上诉？

审判长：退庭后，被告人应核对庭审笔录后签名。

审判把被告人带下去。

现在闭庭。

书记员：全体起立，合议庭人员退庭。

（庭审结束后，合议庭根据实际情况作判后释法的教育）

附录4　美国量刑听证会的典型流程

一、法官宣布听证会开始。多数重罪案件的听证会都会选在判决下达几周后的某个日期举行。对于非重罪的案件来说，无论是经过陪审团审理还是由法官审理，量刑听证会多数会在判决下达的当天进行，

二、法官阅读（或已经阅读过）被告的监视期记录，如果监视部门准备了量刑前报告，也将一并阅读。书面形式的量刑前报告是最为理想的，但是在许多司法管辖区域内，书面报告仅作为特例，而非规定。如果量刑听证会计划在判决下达日之后举行，有些司法管辖区域的公诉人和辩护律师会在听证举行之前提交量刑备忘录，供法官考虑。

三、通常情况下，法官会征求公诉人的建议，并且听取公诉人提出的任何论点或信息。在美国许多司法管辖区域内，受害者有权出具一份受害影响声明。公诉人一般都会提请法官注意受害者发言的意愿或出具的书面声明。

四、法官接着会征求辩护律师的建议，并且听取律师提出的任何论点或信息。有些时候，律师手里会掌握一些她或他希望法官能够考虑的信件或文件。有些时候，律师会希望法官能够当面听取与被告相关的一些个人的声音，包括被告的家庭成员、雇主或社会福利工作者。在有些司法管辖区域内，被告有权直接向法官进行陈述。一般情况下，律师都会提请法官注意被告发言的意愿。有些法官直接向辩护律师了解情况。

然后，法官会向监视官了解其掌握的所有与被告有关的情况，特别是被告之前所有的监视期记录。如果事先没有准备书面形式的量刑前报告，监视官可以直接口述。法官也会询问监视官对量刑有何建议。

五、法官将宣布量刑结果，或在进一步考虑之后公布决定。无论出现何种情况，法官均可在决定作出后出具书面意见。

附录5　英国量刑程序的具体阶段

在英国，定罪程序和量刑程序完全分开，只有在被告人答辩有罪或经定罪程序被认定有罪后，才能启动量刑程序。在英国，量刑程序作为一个独立的程序，其完备性、复杂性不亚于定罪程序，且在诉讼构造、证据制度等方面与定罪程序有明显的区别。鉴于英国刑事法院和治安法院的量刑程序基本相同，以下主要介绍刑事法院的量刑程序。

一、第一阶段：量刑程序开始前的休庭

休庭是指在定罪之后并不马上进行量刑，而是间隔一段时间后再进行量刑。休庭并非是每起有罪案件的必经程序，大部分案情简单、资料齐全的案件在定罪之后可以马上进行量刑而无须休庭。量刑前的休庭理由通常包括：①给予犯罪者寻求法律帮助的机会；②等待获得有关犯罪者情况的报告；③等待对答辩无罪的同案犯的审理结果。

对于休庭的期限，1980年的《治安法院法》规定，在治安法院的量刑程序中，在被告人被羁押的案件中每次休庭不得超过3个星期，而对被告人被保释的案件每次休庭不得超过4个星期。这一规定一般也适用于刑事法院的休庭。

二、第二阶段：确认犯罪事实

在被告人做认罪答辩的案件中，量刑程序开始的第一阶段就是由控方总结犯罪事实，这一总结陈述有助于被告、法官以及公众了解案情。

在被告人不认罪的案件中，由于案情已经在定罪程序中查明，因此，无须控方作总结陈述。但是，在定罪之后休庭且量刑阶段的法官与定罪阶

段庭审法官不同时，则有必要陈述事实。此外，在共同犯罪案件中，有的被告人做认罪答辩，有的被告人不认罪时，对于做认罪答辩的被告人，在量刑阶段应当由控方概述犯罪事实。

在一般情况下，在量刑阶段不会出现关于定罪事实的争议。但是，在特殊情形下，当控方指控的犯罪事实与辩方提出的从轻量刑的事实发生冲突时，会产生关于定罪事实的证明问题。

1. 在被告人作认罪答辩后关于定罪事实的争议

在被告人认罪案件中，由于对犯罪事实并没有经过严格的法庭审理，所以控辩双方对犯罪事实可能存在争议，对于如何解决这种争议，上诉法院通过“牛顿案”提出了三种解决方案。

（1）从陪审团处获得答案。采用这一方法必须有一个可以被包括或添附于起诉书的新罪状，即只有解决争议必须以提出一个依附于原罪状的新罪状为前提时，才能由陪审团来解决争议。例如，要确定抢劫罪是武装的还是非武装的这一问题，起诉方可以在抢劫罪的起诉书中添加一个使用枪支故意实施犯罪的罪状，然后由陪审团来解决这一争议。

（2）牛顿听审，即法官听取双方的证据并对争议事实作出结论。牛顿听审只适用于实质上的争议，对于那些不重要的，无论听取哪一方的意见量刑都不会改变的争议，法官应当在假定辩方意见是正确的基础上量刑。牛顿听审应当按照对抗制的诉讼程序进行，控辩双方都有机会传召他们想要的证据并交叉询问对方的证人，被告人参加牛顿听审是自愿的，不能被强迫提供证据或强迫其以其他方式参加，但是他可在听审过程中在旁观察。在牛顿听审中，证明责任在控方，控方应超出合理怀疑地向法官证明他们所主张的犯罪事实是正确的。但举证责任在控方的事实并不必然导致如果控方没有提出证据，则被告人的证词必须被接受，如果被告人经过宣誓的陈述是不可信的，法官有权拒绝它而不管控方是否提出证据。

（3）法官不听取双方提供的证据，但是听取检察官和辩护律师的意见后作出决定。在此种情况下，如果控辩双方对犯罪事实存在实质性争议，法官必须倾向于被告方，除非被告方的意见显而易见地荒谬。

2. 被告人答辩无罪而被陪审团认定有罪后关于定罪事实产生争议

在这种情况下，一般应由法官根据证据确认有关的犯罪事实，并在此基础上量刑。在这一问题上，判例发展出如下规则：①法官在确认案件事实时，没有义务与陪审团保持一致，可采纳最有利于被告人的说法。②在犯罪事实存疑时，法官应当尽量注意将存疑的好处赋予被告人。③法官认定的事实不能既不利于被告人，也不同于陪审团的裁决，即使陪审团的裁决很难理解。在陪审团作出有罪判决后，如果有量刑事实因为与定罪无关而没有在定罪阶段得到调查，那么法官可以通过“牛顿听审”来解决这一问题。

3. 量刑应当与有罪判决保持一致

量刑应当与有罪判决保持一致是量刑的一项基本原则，在决定犯罪事实时，这一原则暗含以下内容。第一，在决定犯罪事实时，量刑法官必须尊重陪审团的判决，且不能对已经被宣告无罪的较重指控进行量刑。同样，如果检察官接收了被告人对较轻罪或数起指控中的一起的答辩，那么法官在量刑时就必须注意仅对答辩的部分量刑，而避免对案卷中的较重罪行量刑。第二，法官不能对被告人在其他场合下实施的类似犯罪量刑，即使检察机关指控犯罪或者被告人在被警察询问时承认犯罪的情形下强烈暗示该罪并非一次性犯罪。例外的情形是被告人自认指控的犯罪属于样品犯罪或者请求法官在量刑时考虑其他犯罪。第三，法官不能以在量刑程序中进行的牛顿听审为借口，判处被告人比指控犯罪更重的犯罪。第四，在检察官指控的罪名中隐含着另一犯罪（但没有提起指控）时，如何量刑容易出现问题。对此，有些判例认为，如果次罪较原罪为轻，在经过牛顿听审后，法官可以认定次罪事实已经包含在控方所指控的重罪的犯罪事实中并予以量刑。法官不能对起诉书中没有涉及的犯罪量刑。对此，较好的解决办法是，如果检察官愿意的话，就次罪进行追诉，并进行审理。这就在事实上避免了法官对未经指控的犯罪定罪量刑的弊端。如果次罪属于简易罪，检察官可以考虑根据 1988 年《刑事审判法》的规定处理。

三、第三阶段：控方提供有关犯罪者的品行和前科的证据

在控方总结陈述犯罪事实之后或者陪审团确定被告人有罪后，由控方负责提出有关被告人的品行和前科的证据。这类证据建立在警方事先按照固定的格式准备的复印件的基础上。

原则上，由控方警察到庭就被告人的前科问题宣誓作证。目前的通常做法是，如果被告人不提出异议，有关前科的信息由控方提供。例外的

是，当证据是由一名官员提供时，他要宣誓。并且，如果被告方对这些证据不提出异议的话，这些证据只需由检察官提出即可，否则这些证据就应当由一位警官来提供。提供证据的警官要先接受预先审查宣誓，然后宣读先前行为和以前的定罪记录。通常所适用的证据规则在这里被放宽，控方可以问一些诱导性的问题，而辩护律师也可以问一些更深入的问题。但是，这些证据中不能包括对被告人有偏见的关于其本性的证据，因为这些证据从其性质上来说是不能成为证据的。另外，基于传闻而得到的关于先前行为的证据也是不可采的。辩方可以对警官的这些陈述提出挑战，一旦辩方提出挑战，控方就有责任通过严格的证据来证明，如果控方不能这么做，法官应忽略这些证据并表示其已忽略。

四、第四阶段：考虑有关被告人的报告

在控方对犯罪事实和有关先前行为的证据作出总结后，法庭开始考虑所有的已经准备好的关于被告人的报告，主要包括以下几种：

（1）量刑前报告。在英国，有关成人（16岁以上）的量刑前报告由缓刑官负责，13岁以下儿童的量刑前报告由当地被授权的社会工作者负责，13～16岁的未成年人则由缓刑机构和社会机构共同承担制作报告的责任。量刑前报告由前言、介绍、对犯罪的分析、与犯罪者有关的信息、再犯可能性分析和一个结论组成。前言主要介绍有关犯罪者的基本信息、罪行和法院的听审情况；介绍是一些关于准备这份报告的信息来源的总结；对犯罪的分析被用来帮助法院理解犯罪的性质和严重性，以及犯罪者为什么在当时实施了犯罪，这将引出一些可能成为加重或减轻情节的事实因素，另外还包括了关于犯罪结果的评价，这里包括对被害人的影响、犯罪者对被害人的态度的评价和犯罪的后果；与犯罪者有关的信息关注犯罪者个人和社会背景以帮助法庭决定相应的刑罚；关于再犯可能性的分析是将之前信息归纳为关于再犯可能性和危害公众可能性的明确的表达；结论一般是量刑建议。量刑前报告对于最终的量刑具有重要的影响。报告的复印件必须给予犯罪者或其法律代表。在量刑程序中，制作报告的缓刑官一般不出现在法庭上，但是如果辩方要驳斥其在报告中所写的内容，也可以要求其出现在法庭上。

据统计，在20世纪70年代的英国，80%左右的治安案件中治安法官

听从了报告的建议，在刑事法院这一比例为33%左右总体而言，量刑前报告在英国的量刑程序中作用正不断扩大，使用也不断增长。

②生理和心理检查报告。这种报告在判处某些与强制医疗有关的刑罚时是必需的。如根据1983年《精神健康法》下达一个住院令或暂时住院令时，必须由两名医学工作者提供关于犯罪者正遭受精神疾病折磨的报告；同样，由至少一位医学工作者作出的报告在决定一项附带医学治疗的缓刑令时也是必需的。

与量刑前报告一样，这类报告的复印件也须给予辩方律师。如果被告没有法律代表，则应当将报告的要点展示给他。作出报告的医学工作者也可能被要求交叉询问。

③其他报告。法庭在作出一个社区服务令之前必须获得一份认为犯罪者适合社区服务的报告；对于未成年人犯罪者，有时也需要一份来自犯罪者学校的报告，提供有关其在学校的表现和成绩等。

五、第五阶段：辩方提出从轻量刑的理由

量刑程序的最后一个阶段是提交从轻量刑的辩护意见。这一阶段通常仅由辩方律师发言。为了表明被告人品行良好或者为何在特定情形下实施犯罪，辩方律师可以传唤证人。在极少数情况下，为了证明所主张的从轻量刑事实，辩护律师还可以提出其他证据。根据1980年《治安法院法》的有关规定，只要法庭认为案件已经得到证明，可以在被告人缺席的情况下进行量刑。但是，治安法院不能对缺席的被告人判处监禁刑或者剥夺资格刑，除非治安法院在定罪程序结束后经过休庭并通知被告人休庭的理由。

关于从轻量刑事实的证明问题。在1982年格劳斯诉奥图拉一案中，高等法院上诉法院确立了关于罪轻事实证明责任的分担原则，即有关减轻情节的证明责任在辩方，辩方不提供证据可能使法官拒绝这些减轻情节，且虽然提醒辩方举证是明智之举，但是法官并没有义务警告辩护律师不提供证据的风险。1994年上诉法院通过“古比案”进一步确定，对于被告方提出的从轻处罚的事实，被告方应证明至民事案件的证明标准。控方如果认为辩方提出的减轻情节不真实，其首先应当提醒辩方律师注意对争议问题的陈述，如果辩方坚持这些陈述，控方应当要求法庭对这一问题举行

一个牛顿听审。

六、第六阶段：宣布量刑

在辩方陈述减轻理由后，法官宣布量刑，通常情况法官在辩护律师陈述完毕后迅速宣布量刑，但一般也不反对法官短暂休庭来考虑其决定。除了一些成文法规定要求必须给出理由的情况，法官一般没有义务解释他的量刑理由。但是上诉法院鼓励法官给出量刑的理由，并指出如果在不解释理由的情况下，量刑看上去过于严厉的话就应该给出量刑的理由。成文法规定的例外情况主要有：①根据 1991 年的《刑事审判法》的规定，任何一个法院在通过一个监禁刑时必须在公开的法庭上解释是适用了这个法案的具体条款和为什么得出这个结论。而且法庭必须在公开的法庭上用普通的语言解释为什么通过一个监禁刑。根据该法案规定，法庭在通过一项比根据犯罪的严重性所得出的刑罚要长的监禁刑时，也承担同样的责任。②根据 1973 年《刑事法院权力法》的规定，处理犯罪者违反缓刑的法庭，如果决定不全部执行刑罚，必须给出理由。③根据 1973 年《刑事法院权力法》的规定，有权对犯罪者下达赔偿令的法院如果没有这样做必须解释理由。④根据 1994 年《刑事正义与公共秩序法》的规定，法庭由于犯罪者答辩有罪而缩短刑罚必须在公开的法庭上表明其不得不这样做。但是，量刑法庭在需要给出量刑理由时没有给出并不能直接导致量刑无效。

参考文献

一　中文著作

1. 白建军：《罪刑均衡实证研究》，法律出版社 2004 年版。
2. 陈和华、叶利芳：《刑事司法学》，中国方正出版社 2004 年版。
3. 陈瑞华：《量刑程序中的理论问题》，北京大学出版社 2011 年版。
4. 陈卫东、刘计划：《法律文书写作》，中国人民大学出版社 2009 年版。
5. 陈兴良：《刑法学》，中国政法大学出版社 1992 年版。
6. 陈兴良：《刑法的价值构造》，中国人民大学出版社 1998 年版。
7. 陈兴良：《刑法适用总论（上卷）》，法律出版社 1999 年版。
8. 陈兴良：《本体刑法学》，商务印书馆 2001 年版。
9. 陈兴良：《宽严相济的刑事政策》，中国人民大学出版社 2007 年版。
10. 陈兴良：《刑事法治论》，中国人民大学出版社 2007 年版。
11. 陈忠林：《意大利刑法纲要》，中国人民大学出版社 1999 年版。
12. 储槐植：《美国刑法（第三版）》，北京大学出版社 2005 年版。
13. 高铭暄：《刑法学原理》（第三卷），中国人民大学出版社 1994 年版。
14. 高铭暄、马克昌：《刑法学》，北京大学出版社、高等教育出版社 2000 年版。
15. 高仰止：《刑法总则之理论与实用》，台湾五南图书出版公司 1986 年版。
16. 何秉松：《刑法教科书（上卷）》，中国法制出版社 2000 年版。
17. 梁根林：《刑事政策：立场与范畴》，法律出版社 2004 年版。
18. 林山田：《刑罚学》，台湾商务印书馆 1983 年版。
19. 刘强：《美国社区矫正的理论与实务》，中国人民公安大学出版社 2003 年版。
20. 刘宪权：《刑法学研究（第 2 卷）》，北京大学出版社 2006 年版。
21. 刘远：《刑事政策哲学解读》，中国人民公安大学出版社 2005 年版。

22. 卢建平：《刑事政策评论》，中国方正出版社 2006 年版。
23. 马克昌：《刑罚通论》，武汉大学出版社 2002 年版。
24. 马克昌主编：《犯罪通论》，武汉大学出版社 2002 年版。
25. 马克昌、莫洪宪：《近代西方刑法学说史》，中国人民公安大学出版 2008 年版。
26. 齐文远、夏勇主编：《现代刑事法研究（第二卷）》，中国检察出版社 2007 年版。
27. 王晨：《刑事责任的一般理论》，武汉大学出版社 1998 年版。
28. 王明显：《刑法谦抑精神研究》，中国人民公安大学出版社 2005 年版。
29. 谢望原、张小虎主编：《中国刑事政策报告（第一辑）》，中国法制出版社 2007 年版。
30. 徐国栋：《民法基本原则解释——成文法局限性之克服》，中国政法大学出版社 1992 年版。
31. 许玉秀：《当代刑法思潮》，中国民主法治出版社 2005 年版。
32. 张明楷：《刑事责任论》，中国政法大学出版社 1992 年版。
33. 张文显：《法理学》，高等教育出版社、北京大学出版社 2003 年版。
34. 赵秉志：《刑法各论问题研究》，中国法制出版社 1996 年版。
35. 赵秉志：《英美刑法学（第二版）》，科学出版社 2010 年版。
36. 赵廷光：《量刑公正实证研究》，武汉大学出版社 2005 年版。
37. 赵微：《俄罗斯联邦刑法》，法律出版社 2003 年版。
38. 周光权：《法定刑研究》，中国方正出版社 1995 年版。
39. 周少华：《刑法理性与规范技术》，中国法制出版社 2007 年版。

二　中文译著

1. ［德］汉斯·海因里希·耶赛克、托马斯·魏根特：《德国刑法教科书》，徐久生译，中国法制出版社 2001 年版。
2. ［德］卡尔·恩吉施：《法律思维导论》，法律出版社 2004 年版。
3. ［德］卡尔·拉伦次：《法学方法论》，商务印书馆 2003 年版。
4. ［德］考夫曼：《法律哲学》，刘幸义译，法律出版社 2003 年版。
5. ［德］克劳斯·罗克辛：《德国刑法学总论》（第一卷），王世洲译，法律出版社 2005 年版。
6. ［德］拉德布鲁黑：《法哲学》，王朴译，法律出版社 2005 年版。

7. ［德］李斯特：《德国刑法教科书》，徐久生译，法律出版社2006年版。
8. ［德］马克斯·韦伯：《论经济与社会中的法律》，张乃根译，中国大百科全书出版社1998年版。
9. ［美］乔治·弗莱彻：《反思刑法》，邓子滨译，华夏出版社2008年版。
10. ［日］西元春夫主编：《日本刑事法的形成与特色》，李海东译，法律出版社、日本成文堂1997年版。
11. ［意］贝卡利亚：《论犯罪与刑罚》，黄风译，中国大百科全书出版社1993年版。
12. ［意］加罗法洛：《犯罪学》，耿伟、王新译，中国大百科全书出版社1996年版。
13. ［苏］H·A·别利亚耶夫、M·N·可瓦廖夫：《苏维埃刑法总论》，马改秀等译，群众出版社1987年版。
14. ［英］戴维·M·沃克：《牛津法律大词典》，邓正来等译，光明日报出版社1988年版。
15. ［英］吉米·边沁：《立法理论》，李贵方等译，中国人民公安大学出版社2004年版。
16. ［英］鲁伯特·克罗斯、菲利普·A·琼斯：《英国刑法导论》，赵秉志等译，中国人民大学出版社1991年版。

三　报刊论文

1. 戴长林、陈学勇：《量刑规范化改革与实践》，《法律适用》2011年第9期。
2. 邓修明：《我国刑罚裁量模式与刑事判例机制》，《现代法学》2006年第1期。
3. 杜雪晶、张光剑：《论我国刑事责任的承担方式》，《行政与法》2004年第7期。
4. 敦宁、祝炳岩：《量刑情节概念新解》，《中国刑事法杂志》2012年第11期。
5. 黄京平、蒋煦辉：《量刑制度宏观问题研究》，《政法论坛》2004年第4期。
6. 贾敬华：《司法自由裁量权的现实分析》，《河北法学》2006年第4期。
7. 简基松：《防范量刑偏差之理路》，《中国法学》2009年第6期。

8. 李坤：《论量刑过程中应着重注意的几个问题》，《云南电大学报》2012 年 3 期。
9. 李丽钧：《我省法院全面试行量刑规范化改革》，《河北经济日报》2010 年 10 月 14 日。
10. 李晓明、陈平：《略论规范刑事量刑自由裁量权的方法》，《人民司法》2004 年第 2 期。
11. 梁根林：《非刑罚化一当代刑法改革的主题》，《现代法学》2000 年第 6 期。
12. 刘家琛：《对当前我国刑罚适用的几点思考》，《人民司法》2002 年第 7 期。
13. 刘士国：《类型化与民法解释》，《法学研究》2006 年第 6 期。
14. 刘伟刚、王晓敏：《环境侵权的类型化及民事责任探析》，《法学理论》2012 年 2 期。
15. 刘作翔：《我们为什么要实行案例指导制度》，《法律适用》2006 年第 8 期。
16. 石经海：《量刑规范化解读》，《现代法学》2009 年第 3 期。
17. 田成有：《法社会学视野中的法官造法》，《现代法学》2003 年第 3 期。
18. 向朝阳：《关于非刑罚方法的思考与建议》，《现代法学》1993 年第 4 期。
19. 熊选国：《非刑罚处理方法》，《法律科学》1990 年第 5 期。
20. 杨开湘：《法官自由裁量权论纲》，《法律科学》1997 年第 2 期。
21. 虞平：《量刑与刑的量化———兼论电脑量刑》，《法学家》2007 年第 2 期。
22. 袁曙光：《我国刑事诉讼量刑规范化问题研究》，《山东社会科学》2012 年第 4 期。
23. 张蓉萍：《刑期判多久控辩双方可当庭提出量刑建议》，《南充日报》2010 年 11 月 25 日。
24. 张勇：《量刑规范化及路径选择》，《甘肃政法学院学报》2008 年第 1 期。
25. 赵贵龙：《论非刑罚化思想在司法中的价值定位》，《人民司法》2002 年第 7 期。
26. 赵梨渊：《论量刑标准公开化的理论正当性》，《晋中学院学报》2012 年第 5 期。
27. 赵廷光：《论电脑量刑的基本原理》，《湖北警官学院学报》2007 年第 2 期。

28. 赵廷光：《论量刑精确制导》，《现代法学》2008 年第 4 期。
29. 周光权：《量刑规范化：可行性与难题》，《法律适用》2004 年第 4 期。
30. 周远：《我省法院全面试行量刑规范化改革》，《河北日报》2010 年 10 月 4 日。

四　学位论文

1. 陈常优：《农用土地价格评估的理论与方法研究》，博士学位论文，河南大学，2010 年。
2. 陈蔚宇：《未成年人犯罪非刑罚处罚问题研究》，硕士学位论文，湘潭大学，2006 年。
3. 程红霞：《水利工程项目投资审计风险研究》，硕士学位论文，山东大学，2011 年。
4. 高敖敦格日乐：《西北民族大学蒙汉翻译方向研究生毕业论文综述》，硕士学位论文，西北民族大学，2011 年。
5. 郭晓屹：《论中国的非刑罚化改革》，硕士学位论文，湖南大学，2009 年。
6. 金朝：《抢劫罪量刑方法与幅度研究》，硕士学位论文，中国政法大学，2011 年。
7. 刘晗啸：《论未成年人犯罪的非刑罚处罚方法》，硕士学位论文，湖南师范大学，2009 年。
8. 刘文忠：《论我国刑法中的非刑罚处罚方法》，硕士学位论文，华东政法学院，2007 年。
9. 马薛刚：《后冷战时期国际关系民主化探究》，硕士学位论文，昆明理工大学，2011 年。
10. 杨琳：《SY 公司工业远程通讯产品推广策略研究》，硕士学位论文，兰州大学，2012 年。
11. 张黎黎：《非刑罚化在中国的实现途径》，硕士学位论文，华南理工大学，2008 年。
12. 张帅：《论非刑罚处罚方法》，硕士学位论文，西南政法大学，2007 年。
13. 张向东：《基准刑研究》，硕士学位论文，吉林大学，2011 年。
14. 张宇：《论非刑罚处罚方法》，硕士学位论文，华东政法学院，2003 年。
15. 赵婉辰：《基于免疫理论的供应链质量传递及控制研究》，硕士学位论文，吉林大学，2012 年。

16. 周佳:《我国量刑程序规范化问题研究》,博士学位论文,兰州大学,2012 年。
17. 卓礼童:《量刑方法论》,硕士学位论文,中国政法大学,2011 年。

索　引

C

F

G

J

L

X

Z

第五批《中国社会科学博士后文库》专家推荐表1

<table>
<tr><td>推荐专家姓名</td><td>刘志伟</td><td>行政职务</td><td>副院长</td></tr>
<tr><td>研究专长</td><td>刑法</td><td>电话</td><td></td></tr>
<tr><td>工作单位</td><td>北京师范大学刑事法律科学研究院</td><td>邮编</td><td></td></tr>
<tr><td>推荐成果名称</td><td colspan="3">量刑方法类型化研究</td></tr>
<tr><td>成果作者姓名</td><td colspan="3">唐亚南</td></tr>
<tr><td colspan="4">
（对书稿的学术创新、理论价值、现实意义、政治理论倾向及是否达到出版水平等方面做出全面评价，并指出其缺点或不足）
推荐人要对申请者《申请书》中所填内容的真实性，知识产权问题等内容进行审核，并对申请者申报项目在学术思想上的创新、特色，研究目标，研究内容，研究方法的创新性和可行性进行评议，对预期成果实现的可能性给予评价。推荐意见需专家本人签名。
一、该书稿的创新点体现在以下三个方面
1. 选题新。
近年来，国内学者对量刑方法理论研究成果日趋丰富，但“量刑方法类型化研究”在我国还处于萌芽，到目前为止在中国知网上还没有看到相关论文或专著。
2. 研究方法上的创新。
运用法律哲学、刑法学、诉讼法学等知识理论体系去解决量刑偏差与失衡问题。
3. 研究思路上的创新。
本文以量刑方法的确立为统率全文的理论基点，并贯彻该理论使之发扬光大，坚持问题意识，由表及里地深入剖析各种量刑方法的利弊；由点及面，触类旁通，认真挖掘和仔细印证量刑方法类型化对于其他诸多量刑方法理论问题的辐射性和穿透性；努力追求基础性与前沿性并重、继承性与创新性同辉的学术品格，推进量刑方法类型化研究达到一个新的高度。
</td></tr>
</table>

二、理论价值

本课题以德国学者马克思·韦伯提出的“理想类型”理论为切入点，密切联系我国实际，系统地考察各种量刑方法的司法表现，尝试探讨“类型化”的量刑方法，旨在充分运用量刑方法在技术上的“类型化”评价，从而找到规范正义与事物正义调和的中间点，使法官在量刑时由直觉、感情、经验上升为科学与理性，从而促进量刑公正。

从理论层面上讲，量刑方法类型化是量刑方法漏洞补充的理论基础；本课题的研究是按照一定的标准对某一项事物进行分类总结；以便为相应的救济途径的设计或漏洞奠定实证基础。

三、政治理论倾向及现实意义

在司法实践中，用一种具体的量刑方法对不同的刑种量刑，显然会造成不同程度的量刑失衡。运用量刑方法类型化量，它具有指引人们获得理性知识价值，以一般科学陈述的方式描述，如何对刑事被告人的行为科处刑罚的工作方法；量刑方法类型化的意义在于它能将纷繁复杂的案情归纳、总结，形成类型，便于人们认识、理解、操作和运用。量刑公正对整个刑事审判至关重要，事关整个诉讼价值的实现；对于统一司法行为，提高司法公信力和权威具有重大的现实意义。

综上所述，在法律适用中，建立以事物共同基础上的类型理论来补充一般量刑方法的漏洞，会带给我们一种全新的思维和方法进路。

四、不足之处

该文程序部分论述较少，应加强程序部分的论述。

签字：刘志伟

2016 年 1 月 26 日

说明：该推荐表由具有正高职称的同行专家填写。一旦推荐书稿入选《博士后文库》，推荐专家姓名及推荐意见将印入著作。

第五批《中国社会科学博士后文库》专家推荐表2

推荐专家姓名	王俊平	行政职务	教授
研究专长	刑法	电话	
工作单位	北京师范大学刑事法律科学研究院	邮编	
推荐成果名称	量刑方法类型化研究		
成果作者姓名	唐亚南		

（对书稿的学术创新、理论价值、现实意义、政治理论倾向及是否达到出版水平等方面做出全面评价，并指出其缺点或不足）

该书稿的创新点主要体现在运用法律哲学、刑法学、诉讼法学等知识理论体系去解决量刑偏差与失衡问题；从理论层面上讲，量刑方法类型化是量刑方法漏洞补充的理论基础；量刑方法类型化的意义在于它能将纷繁复杂的案情归纳、总结，形成类型，便于人们认识、理解、操作和运用。量刑公正对整个刑事审判至关重要，事关整个诉讼价值的实现；对于统一司法行为，提高司法公信力和权威具有重大的现实意义。在法律适用中，建立以事物共同基础上的类型理论来补充一般量刑方法的漏洞，会带给我们一种全新的思维和方法进路，该文已经达到了出版水平，没有明显的不足之处。

签字：王俊平

2016年1月26日

说明：该推荐表由具有正高职称的同行专家填写。一旦推荐书稿入选《博士后文库》，推荐专家姓名及推荐意见将印入著作。